Erfolg durch die kreative Bewerbung

Elke Eßmann

ERFOLG DURCH DIE KREATIVE BEWERBUNG

Mit 66 Text- und Gestaltungsbeispielen

FALKEN
TaschenBuch

Im FALKEN TaschenBuch sind zahlreiche Titel zum Thema Bewerbung erschienen. Bitte fragen Sie in Ihrer Buchhandlung.

Dieses Buch wurde auf chlorfrei gebleichtem und säurefreiem Papier gedruckt.

Der Text dieses Buches entspricht den Regeln der neuen deutschen Rechtschreibung.

Originalausgabe
ISBN 3 635 60328 7

Umschlaggestaltung: Zembsch' Werkstatt, München
Redaktion: Yvonne Thalheim, Herne / Christiane Rückel
Herstellung: Harald Nadolny, Herne / Bettina Christ
Titelbild: Image Bank, München / Eliane Sulle
Fotos: FALKEN Archiv (S. 36, 37, 57)
Satz: Team Nadolny, Herne
Druck: Konkordia Druck GmbH, Bühl/Baden

817 2635 4453 62

Inhalt

Einleitung

Harte Zeiten für Stellungssuchende: Seitdem Arbeitsplätze rar sind, werden die Unternehmen mit Bewerbungen förmlich überschüttet – davon die meisten formal korrekt und den fachlichen Anforderungen entsprechend.
Was ist zu tun? Viele Jobsuchende haben die Zeichen der Zeit bereits erkannt und lassen sich Ungewöhnliches einfallen, um unter der Vielzahl der Bewerber aufzufallen. Mit abgenutzten Floskeln wie "Hiermit bewerbe ich mich bei Ihnen um ..." oder „Über eine Einladung zu einem Vorstellungsgespräch würde ich mich sehr freuen" lässt sich eben kein Blumentopf mehr gewinnen. Aber Kreativität und Fantasie können zum Erfolg verhelfen.
Für dieses Buch wurden zahlreiche ungewöhnliche Bewerbungsideen aus der Praxis recherchiert und ausgewertet. Anhand der besten Beispiele zeigt dieser praxisnahe Ratgeber, wie Sie sich bei Ihrer Stellungssuche künftig pfiffiger präsentieren können als andere.

Sie erfahren, wie Sie

- ein konventionelles Anschreiben so abwandeln, dass es unter der Vielzahl der Bewerbungen auffällt,
- außergewöhnliche Ideen für ein Anschreiben wirkungsvoll umsetzen,
- Ihre Bewerbung optisch aufpeppen,
- mit unkonventionellen Ideen jeden Personalchef verblüffen können,
- neue Medien wirkungsvoll einsetzen.

Chancen verbessern: Kreativ bewerben

Bewerbungen, die sich von der klassischen Form abheben, bringen dem Bewerber Vorteile. Der Grund liegt auf der Hand: Stellen Sie sich einen Personalchef vor, der eine Stellenanzeige geschaltet hat. Er wird nun Dutzende oder sogar Hunderte Bewerbungen erhalten, davon die meisten folgsam nach den Regeln gängiger Bewerbungsratgeber zusammengestellt und formuliert und daher nahezu ununterscheidbar. Der Personalchef wird jetzt mit geschultem Blick die Bewerbungen durchsehen. Berücksichtigen Sie eine durchschnittliche Lesezeit von höchstens zehn Minuten für eine Bewerbung, dann haben Sie eine ziemlich genaue Vorstellung davon, was Ihre Bewerbung in dieser Situation leisten muss. Vielleicht bleiben nach der ersten Durchsicht noch 40 oder 50 Bewerber übrig, die alle eine passende Qualifikation bieten können. Jetzt geht es darum, die fünf Bewerber herauszufiltern, die zu einem Vorstellungsgespräch eingeladen werden. Was wird er tun? Er wird die Bewerber einladen, denen es gelingt, sich von der großen Masse der Konkurrenten abzuheben, beispielsweise mit einem originellen Anschreiben oder einer besonders ansprechend gestalteten Mappe. Zwar gehören Noten, Studiendauer und praktische Erfahrung immer noch zu den meistgenutzten Kriterien, nach denen Personalverantwortliche Bewerbungen sortieren. Doch wer in die engere Wahl kommen will, braucht Pluspunkte. Eine Standardbewerbung, die sich auf die sachliche Aufzählung beruflicher Qualifikationen beschränkt, reicht hier nicht mehr aus. Heute steht neben der Information die Abgrenzung von den Mitbewerbern im Vordergrund. Die Suche nach einer neuen Aufgabe ist ein hartes Geschäft geworden. Es ist ein Wettbewerb, bei dem man weder weiß, wer die Konkurrenten sind, noch wie diese vorgehen. Wer die Nase vorn haben will, muss versuchen, möglichst das tun, was die anderen nicht tun. Es gilt, die Bewerbungsstrategie zu ändern, um eine attraktive neue Aufgabe zu finden. Nur auf Anzeigen reagieren und 08/15-Bewerbungen verschicken, führt oft nicht zum gewünschten Erfolg.

Dieses Buch will Anregungen geben, wie Sie ungewöhnliche Möglichkeiten nutzen können, um Ihre Bewerbungen diesen neuen Anforderungen anzupassen. Ein Stellungssuchender, der eigene Ideen hat und dies mit seinen Bewerbungsunterlagen unter Beweis stellt, zeigt auch: Ich kann und will außergewöhnliche Aufgaben übernehmen.

Wenn Sie bis hierher gelesen haben, fragen Sie sich vielleicht: Was ist denn nun eine originelle Bewerbung? Originell kann eine Bewerbung auf vielfältige Art sein. Originalität lässt sich auf einen flotten und verständlichen Schreibstil beziehen oder eine ansprechende Typographie, die besonders wichtige Textstellen hervorhebt. Kreativität können Sie bereits im Vorfeld bei

der Zusammenstellung und Verpackung Ihrer Bewerbungsunterlagen beweisen. Jede originelle Idee sollte dabei zu der Persönlichkeit des Bewerbers passen und sich an den Besonderheiten des Empfängers orientieren. Sie finden in diesem Buch vielfältige Ideen und Anregungen, die Sie nach Ihren persönlichen Bedürfnissen zusammenstellen können.
Es soll aber nicht verschwiegen werden, dass die kreative Bewerbungsstrategie mehr Mühe macht, als eine „Feld-, Wald- und Wiesenbewerbung". Eine gelungene Bewerbung muss passen wie ein Maßanzug. Es geht darum, die fachlichen und persönlichen Kompetenzen sowie den Nutzen für das Unternehmen durch ansprechende Unterlagen und ein motivierendes Anschreiben optimal anzubieten. Es kommt darauf an, den Empfänger in locker formulierter, dennoch überlegter Form davon zu überzeugen, dass man genau der richtige Mitarbeiter für diese Aufgabe ist. Das erfordert besondere Vorbereitung, Einfallsreichtum und Zeit. Doch bedenken Sie: Ihre Bewerbung bestimmt den ersten Eindruck, den Sie bei einer Firma – wahrscheinlich neben vielen Mitbewerbern – machen. Sie ist Ihre Visitenkarte und kann Ihre Eintrittskarte zu einem Vorstellungsgespräch werden.
Trotz des großen Konkurrenzdrucks sind außergewöhnliche Bewerbungen in der Praxis bisher die Ausnahme. Diese Chance können Sie nutzen und dabei soll Ihnen dieses Buch helfen: Lassen Sie sich anregen und verführen, eine erfrischend andere Bewerbung zu verfassen. Wenn Sie nach Durchsicht der zahlreichen Musterbriefe eine noch bessere eigene Idee für Ihre Bewerbung haben, dann hat dieses Buch sein Ziel erreicht.

Im Umbruch: Der Arbeitsmarkt heute

Wie können Sie es schaffen, Ihre individuellen beruflichen Ziele zu erreichen? Diese Frage erhält vor der ernüchternden Lage auf dem Arbeitsmarkt eine ganz neue Bedeutung. Die Ausgangslage für einen Arbeitsuchenden ist alles andere als rosig. Doch keine Sorge, es soll hier nicht in das allgemeine Lamento um Sozialabbau, Lohnverzicht oder Sparpaket eingestimmt werden. Interessant ist die Frage, wie sich Chancen trotz aller Hemmnisse nutzen lassen.
Der Arbeitsmarkt ist nicht so verschlossen, wie er auf den ersten Blick scheint. Jedoch hat sich auf dem Gebiet der beruflichen Karriere und ihrer Planung seit Mitte der achtziger Jahre einiges verändert. Wir befinden uns mitten in einer tiefgreifenden Umstrukturierung der Wirtschaft. Rapide

Änderungen prägen die Berufswelt. Während in einigen Branchen rigoros Stellen abgebaut werden, sind die beruflichen Chancen in anderen enorm gestiegen. So ist der Dienstleistungssektor in den vergangenen Jahren kräftig gewachsen. Bereits mehr als die Hälfte aller Erwerbstätigen in Deutschland verdienen ihr Geld mit Dienstleistungen. Neue Berufsbilder entstehen zum Beispiel in der Kommunikations- und Medienbranche oder in der Umwelttechnik. Auch der Gesundheits- und Pflegebereich ist auf dem Erfolgskurs.

Und noch ein weiterer Trend wird jetzt schon deutlich: Der Weg in die sogenannte Informationsgesellschaft wird die gesamte Arbeitswelt durchdringen und verändern. Er geht einher mit einem Wandel der Berufe und Beschäftigungsfelder. Beispielsweise wird Telearbeit auf vielen Gebieten möglich, wenn es dank der Technik kaum noch eine Rolle spielt, wann und wo die Arbeit verrichtet wird.

Die Abschwächung der Konjunktur zieht darüber hinaus einschneidende Veränderungen in den Unternehmen nach sich, die ihrerseits einem wachsenden Konkurrenzdruck begegnen müssen. Qualität, Kostenbewusstsein und Effizienz gelten als oberste Gebote erfolgreicher Unternehmensführung. Um diese Ziele zu erreichen, werden zunehmend neue Organisationsformen eingeführt wie beispielsweise die Gruppen- oder Teamarbeit. Gleichzeitig zeichnet sich der Trend zum Abbau der Hierarchien ab. Die Zahl der Führungskräfte insbesondere in der mittleren Ebene wird schrumpfen. Zukünftig werden die Mitarbeiter mehr Verantwortung tragen, aber auch ihre Arbeit mehr beeinflussen können.

Indem die Rationalisierungsmöglichkeiten dank der technischen Neuerungen ermöglicht und mehr und mehr durchgesetzt werden, rückt der Produktionsfaktor Mensch immer weiter in den Mittelpunkt der Unternehmensentwicklung. Mehr denn je sind die Unternehmen auf Arbeitskräfte angewiesen, die den beruflichen Anforderungen der Gegenwart gewachsen sind. Das wichtigste Kapital der Unternehmen steckt in den Köpfen seiner Mitarbeiter. Qualifizierte Arbeitskräfte sind daher auch weit weniger von Arbeitslosigkeit betroffen als Menschen ohne Berufs- und Universitätsabschluss. Die Tätigkeiten für Ungelernte nehmen hingegen weiterhin drastisch ab. Glaubt man den Prognosen, so werden zum Beispiel einfache Arbeiten in der Fertigung, im Verkauf, im Büro und Transport um mehr als ein Drittel abgebaut werden.

Was bedeutet dies alles für die Stellungssuchenden? Zunächst sollte sich jeder die konkreten Auswirkungen der Veränderungen auf seine beruflichen Pläne bewusst machen. Denn aus den Veränderungen in den Unternehmen leiten sich auch neue Kernanforderungen an die Mitarbeiter ab: Die Zeiten sind vorbei, in denen sich die Bedeutung einer Führungskraft an der Zahl der Vorzimmerdamen ablesen ließ. Die Anforderungen an die Mitarbeiter orientieren sich an den Bedürfnissen immer neuer Unternehmenskonzepte auf dem Weg zur noch schlankeren und kundenfreundlicheren Organisation. Gefragt sind Fachkräfte, die mit guten Beispiel vorangehen, Rund-um-Talente mit solidem Know-how. Flexibel sollen die Bewerber sein, durchsetzungsfähig und hoch motiviert. Hinzu kommen in vielen Branchen persönliche Fähigkeiten, wie die zur Teamarbeit oder eine hohe Belastbarkeit. Die Bereitschaft zu lebenslangem Lernen und Weiterqualifikation sind erwünscht. PC-Analphabetismus wird sich bald niemand mehr leisten können. Der Wandel unserer Gesellschaft zur Informationsgesellschaft erfordert Mitarbeiter, die mit den neuen Medien umgehen können und sie für den Erfolg des Unternehmens einzusetzen wissen.
Die Arbeitswelt der Zukunft, eine Leitungsmaschinerie? Das wäre zu kurz gedacht und ist nur die eine Seite der Medaille. Auf der anderen Seite können auch die Arbeitnehmer in Zukunft mehr von ihrem Arbeitsplatz erwarten: breite interessante Berufsfelder, viel Freiraum, mehr Eigenverantwortung durch weniger Hierarchie, die Möglichkeit, aufregende und wenig routinebehaftete Tätigkeiten auszuüben, mehr persönliche Weiterentwicklung, ein gutes kommunikatives Betriebsklima.
Für die Bewerber heißt es, diese Trends nicht nur zu erkennen, sondern auch zu ermessen, welche Chancen darin stecken und welche Fähigkeiten sie deshalb erwerben sollten. Sie müssen ein Gespür dafür entwickeln, was in den Unternehmen vor sich geht und welche Kompetenzen gefragt sind. Es kommt darauf an, dass sich der Bewerber seiner Fähigkeiten bewusst ist, sie gezielt fördert und einsetzt. Wer Erfolg haben will, braucht neben dem beruflichen Know-how Vertrauen in die eigene Schaffenskraft und eine gesunde Portion Mut und Energie.
Von dem Gedanken, dass man seine berufliche Karriere bis ins Detail vorausplanen kann, kann man sich verabschieden. Den lange Zeit üblichen „lebenslangen Arbeitsvertrag" wird es in Zukunft immer seltener geben. Auch hier ist Flexibilität gefragt. Jeder junge Arbeitnehmer muss heutzutage

damit rechnen, dass er nicht bis zur Rente in ein und demselben Job bleiben wird. Und falls doch, wird sich der Beruf inhaltlich stark wandeln. Für positiv eingestellte Menschen hat diese Veränderung eine Vielzahl spannender Aspekte: Hier bieten sich Chancen für Stellungssuchende, die Ideen für ihre Zukunft haben. Die Karrierepfade haben heute mehr Abzweigungen. Informieren Sie sich: Jede Branche bietet vielfältige Arbeits- und Aufstiegschancen. Es kann sich lohnen, über Möglichkeiten nachzudenken, die bisher abwegig erschienen oder verschlossen blieben. Mit einer ordentlichen Portion Fantasie und dem Mut, ausgetretene Pfade zu verlassen, können sich so die ungewöhnlichsten Chancen im Berufsleben eröffnen. Es geht darum, diese Chancen zu erkennen und sich aktiv darum zu bemühen. Wer darauf wartet, dass es goldene Angebote regnet, sitzt am Ende auf dem Trockenen. Gute Stellen fallen einem nur selten in den Schoß. Aber eine Portion Zähigkeit und eine gute Bewerbungsstrategie können zum Erfolg verhelfen.

Die Grundlagen

Auch die ungewöhnlichste Bewerbung hat nur Aussicht auf Erfolg, wenn sie den formalen Anforderungen genügt. Kreativität ist zwar gefragt, doch niemand wird Sie nur aufgrund einer witzigen Idee einstellen. Gleichzeitig muss es Ihnen gelingen, Ihre fachliche Eignung überzeugend darzustellen. Wer die Informationen durch Originalität ersetzt, wird eher gegenteilige Erfahrungen machen. Ohne sachliche Fakten sind originelle Gags sinnlos und sogar schädlich für die Beurteilung Ihrer Bewerbung. Der oft entscheidende erste Eindruck, den Ihre Unterlagen machen, wird stark von ihrem Äußeren bestimmt. Unterschätzen Sie also nicht die formale Aufmachung Ihrer Unterlagen. Eines der wichtigsten Kriterien, nach denen man Ihre Bewerbung beurteilen wird, ist neben Ihrer fachlichen Eignung, der optische Gesamteindruck. Noch bevor der Personalverantwortliche mit dem Lesen Ihres Anschreibens beginnt, wird er Ihre Bewerbung – bewusst oder unbewusst – bereits in seinen Wertvorstellungen als „ordentlich", „auffallend" oder in ähnlichen Kategorien einstufen. Dieses Vor-Urteil bestimmt dann in hohem Maße seine weitere Beurteilung Ihrer Bewerbung. Je positiver der erste Eindruck ausfällt, desto wohlwollender wird er Ihre Unterlagen prüfen. Und wenn dann noch Ihr Anschreiben dem positiven Urteil standhält, haben Sie schon gute Chancen, zu einem Vorstellungsgespräch eingeladen zu werden.

Sie sollten sich also zuerst die Standardmerkmale einer Bewerbung ansehen, damit Sie sich diese wertvollen Pluspunkte sichern. Gehen Sie dabei planvoll und systematisch vor. Erst wenn Sie die formalen Grundvoraussetzungen erfüllen, können Sie daran gehen, Ihrer Bewerbung eine unkonventionelle, individuelle Note zu geben. Betrachten Sie also zunächst dieses Kapitel als Pflichtprogramm, bevor Sie mit der kreativen Kür beginnen.

Vollständige Bewerbungsunterlagen

Zur Erinnerung: Zu einer vollständigen Bewerbung gehören neben dem individuellen Anschreiben ein tabellarischer Lebenslauf, ein aktuelles Foto,

Zeugniskopien und – falls gewünscht – Arbeitsproben. Da der erste Eindruck, den Ihre Bewerbungsunterlagen machen, sehr wichtig ist, sollten Sie bei der Zusammenstellung besonders sorgfältig vorgehen.
Um formale Fehler zu vermeiden, bedenken Sie folgende Punkte:

- Sorgen Sie für ein sauberes Schriftbild. Schreiben Sie Ihre Bewerbung mit einer guten Schreibmaschine oder – noch besser – mit dem PC. Das gibt Ihnen auch gleichzeitig die Möglichkeit, den Text nach Belieben mehrfach zu verändern und Fehler problemlos zu korrigieren.
- Rechtschreibung und Zeichensetzung müssen stimmen. Ziehen Sie im Zweifelsfall den Duden zu Rate. Wenn Sie auch beruflich schreiben müssen, beispielsweise als Sekretär oder Journalist, macht es einen besonders guten Eindruck, wenn Sie bereits die neuen Rechtschreibregeln anwenden.
- Selbstverständlich müssen alle Unterlagen sauber und ohne Knicke abgegeben werden, auch Tippfehler oder Korrekturen sind tabu.
- Geben Sie keine Originalzeugnisse aus der Hand, nur gute, neue Kopien. Bewahren Sie auch eine Kopie des Anschreibens auf, damit Sie später noch wissen, wie Sie für sich geworben haben.
- Bemühen Sie sich um eine klare und übersichtliche Gliederung von Anschreiben und Lebenslauf.
- Sorgen Sie für eine ausreichende Frankierung Ihrer Bewerbung.

Anschreiben

Das Anschreiben ist das wichtigste und zugleich persönlichste Dokument Ihrer Bewerbung. Es ist neben der Verpackung der einzige Bestandteil Ihrer Unterlagen, den Sie individuell gestalten können. Positiv ausgedrückt: Mit einem gelungenen Anschreiben haben Sie die Chance, den Stellenanbieter so positiv auf sich einzustimmen, dass er sich auch für Ihre übrigen Unterlagen interessiert und Sie zu einem Vorstellungsgespräch einlädt.

Briefschema nach DIN 5008

Name des Absenders *(5. Zeile)* Datum (Beginn: Grad 50)
Strasse
PLZ Absendeort
Telefon

Versendungsart *(13. Zeile)*

Name des Empfängers *(15. Zeile)*
Abteilung
Strasse

PLZ Bestimmungsort

Betreffzeile *(24. Zeile)*

Anrede *(27. Zeile)*

Brieftext *(29. Zeile)*
Brieftext
Brieftext
Brieftext

(1 Leerzeile zwischen Absätzen)
Brieftext
Brieftext
Brieftext
Brieftext
Brieftext

Einrückung (Beginn: Grad 20)

Brieftext
Brieftext
Brieftext
Brieftext

Gruß
(Unterschrift per Hand)

Name des Unterzeichneten

Anlagenvermerk *(hier oder auf Grad 50 neben dem Gruß)*

Formal gliedert sich das Anschreiben wie folgt:

1. Adresse und Telefonnummer des Absenders
2. Vollständige Anschrift des Empfängers
3. Ort und Datum
4. Bezugszeile
5. Anrede
6. Brieftext
7. Grußformel
8. Unterschrift
9. Hinweis auf die Anlagen

Das Briefschema auf Seite 15 zeigt, wie Sie die einzelnen Briefteile nach den Regeln für Maschineschreiben (DIN 5008) richtig positionieren.
Der Brieftext sollte alle Informationen enthalten, die der Leser benötigt, um zu erkennen, dass Sie ein geeigneter Kandidat sind. Begründen Sie präzise, weshalb Sie glauben, der richtige Bewerber für die ausgeschriebene Position zu sein. Stellen Sie alle Qualifikationen heraus, die für die angestrebte Position wichtig sind und bringen Sie ein persönliches Interesse für das Unternehmen zum Ausdruck. Ein gelungenes Anschreiben lässt darüber hinaus erkennen, dass Sie eine Persönlichkeit sind, die sich selbst gut einschätzen kann und sich darzustellen weiß.
Aber fassen Sie sich kurz: Was Sie zu sagen haben, sollte auf einer, höchstens eineinhalb Schreibmaschinenseiten Platz finden. Den Inhalt Ihres Anschreibens können Sie nach folgendem Muster aufbauen:

- Standpunkt nennen: Wenn Sie sich auf eine Stellenanzeige bewerben, haben Sie den direkten Bezug. Auch persönliche Kontakte oder eine Imageanzeige der Firma sind mögliche Bezugspunkte für die Einleitung in Ihrem Bewerbungsschreiben. Zusätzlich können Sie kurz beschreiben, weshalb die Stelle oder das Unternehmen so attraktiv für Sie ist.

- Argumente liefern: Wenn Sie sich auf eine Stellenanzeige bewerben, gehen Sie möglichst genau darauf ein. Beschreiben Sie Punkt für Punkt alle Qualifikationen, die für die Stelle gefordert sind. Auch außerberufliche Aktivitäten, wie Praktika, Fortbildungsmaßnahmen oder Auslandsaufenthalte, können hier aufgeführt werden, wenn Sie die Eignung für die Position unterstreichen. Achtung: Falsche Bescheidenheit ist ebenso fehl am Platz wie Selbstüberschätzung. Wählen Sie einen persönlichen Stil ohne Floskeln oder Übertreibungen.
- Lücken eingestehen: Sind Sie arbeitslos oder haben Sie auffallend häufig die Stelle gewechselt? Solche Mängel wird der Empfänger Ihrer Bewerbung mit geschultem Auge schnell erkennen. Verschweigen nutzt daher nichts. Gehen Sie in Ihrem Anschreiben offen darauf ein und bekunden Sie glaubhaft, dass Sie für den neuen Arbeitgeber Ihre ganze Arbeitskraft einsetzen werden. Auch wenn Sie über wichtige, in der Anzeige geforderte Qualifikationen nicht verfügen, ist es sinnvoll, das Kind beim Namen zu nennen. Weisen Sie in diesem Fall darauf hin, dass Sie sich zutrauen, das fehlende Wissen nachzuholen.
- Fakten nennen: Oft werden in den Stellenanzeigen Angaben zum Eintrittstermin oder Gehalt erbeten. Auf die Gehaltsfrage sollten Sie in ihrem Anschreiben nur eingehen, wenn es ausdrücklich gefordert ist. Als Anhaltspunkt für den Arbeitgeber können Sie ihm Ihr derzeitiges Jahresbruttogehalt nennen oder schreiben, dass Sie ihren Gehaltswunsch erst bei einem persönlichen Gespräch nennen möchten.
- Fazit ziehen: Hier dürfen Sie der Firma vorsichtig suggerieren, dass eine Zusammenarbeit mit Ihnen ein Gewinn ist. Signalisieren Sie dann Ihre Bereitschaft zu einem persönlichen Gespräch.

Lebenslauf

Der Lebenslauf gibt in tabellarischer Form einen Überblick über den beruflichen Werdegang des Bewerbers. Er ist neben dem Anschreiben ein Kernstück Ihrer Bewerbung. Sie können ihn nach dem folgenden Schema chronologisch aufbauen und übersichtlich gestalten:

1. Persönliche Angaben
   - Adresse
   - Geburtsdatum
   - Familienstand
2. Schulische Ausbildung
   - Schultyp und Ort
   - Abschluss
3. Berufsausbildung
   - Art der Ausbildung
   - Ausbildungsstätte, Ort
   - Abschluss
4. Studium
   - Studienrichtung
   - Hochschule, Ort
   - erreichter Abschluss
   - Examensnote
5. Berufspraxis
   - Berufsbezeichnung/Funktion
   - Arbeitgeber, Ort
6. Besondere Kenntnisse
   - Fortbildungsmaßnahmen
   - Angaben zu Sprachkenntnissen
   - Führerschein
   - EDV-Kenntnisse
   - Hobbys (nur erwähnen, wenn Sie für die angestrebte Position von Bedeutung sind)
7. Datum und Unterschrift

Foto

Das Bewerbungsfoto vermittelt dem Leser einen ersten Eindruck von Ihrer optischen Erscheinung. Es sollte daher aktuell und gut sein. Lassen Sie das Foto auf jeden Fall bei einem Fotografen machen. Automatenbilder, Schnappschüsse und Urlaubsfotos sind meistens ungeeignet. Die meisten Bewerber kleben das Foto oben rechts auf den Lebenslauf.

Zeugnisse

Achten Sie bei der Zusammenstellung vor allem auf Vollständigkeit. Alle im Lebenslauf genannten Stationen sollten mit einem Zeugnis belegt werden. Fehlt ein Nachweis, wird Ihnen das der Empfänger entweder als Vergesslichkeit oder versuchte Täuschung auslegen. In jedem Fall handeln Sie sich Minuspunkte ein. Weitere Nachweise, etwa über Fortbildungsmaßnahmen, sollten Sie nur beilegen, wenn sie einen Bezug zu der angestrebten Position haben.

Bewerbungsmappe

Alle Unterlagen werden in der folgenden Reihenfolge in eine Mappe geheftet: Obenauf gehört der Lebenslauf mit Foto. Dahinter heften Sie die Zeugnisse in chronologischer Reihenfolge, das aktuellste zuerst. Es folgen Arbeitsproben und sonstige Referenzen. Das Anschreiben wird nicht abgeheftet, sondern lose beigelegt. Es bleibt in jedem Fall beim Empfänger.

Ins rechte Licht gerückt: Selbstdarstellung

Wer sich bewirbt, tut gut daran, sich nicht nur über die äußere Form der Bewerbung Gedanken zu machen. Mindestens ebenso wichtig ist es, sich mit den Anforderungen der angepeilten Stelle und den eigenen Fähigkeiten und Kenntnissen auseinanderzusetzen. Was wird von dem Stellenbewerber gefordert? Welche Interessen habe ich? Lassen sich meine Kenntnisse und Neigungen mit den Anforderungen des Berufs in Einklang bringen?
Generell gilt: Je besser jemand über seine Fachkenntnisse und Fähigkeiten Bescheid weiß und je genauer er seine persönlichen Stärken und Schwächen einschätzen kann, desto überzeugender kann er sich mit seiner Bewerbung

präsentieren. Eine umfassende Vorarbeit lohnt sich, denn ein Stellenwechsel ist schließlich auch immer eine wichtige Entscheidung für die Zukunft. Bedenken Sie: Nur, wer seine Stärken in seinem Arbeitsgebiet einsetzen kann, wird Spaß an seiner Arbeit haben. Es ist außerdem erwiesen, dass nur derjenige, der mit Spaß bei der Sache ist, auf Dauer gut sein kann. Je genauer Sie also Ihre eigenen Ansprüche an den Beruf kennen, desto größer ist die Wahrscheinlichkeit, dass Sie eine Stelle finden, die Ihnen entspricht. Machen Sie diese Vorarbeit gründlich. Auch Aktivitäten oder Kenntnisse, die Ihnen zunächst zweitrangig erscheinen, können an Bedeutung gewinnen. Für Studienabgänger gilt: Oft zählt für den Arbeitgeber nicht nur die berufliche Qualifikation, sondern auch die Art und Weise, wie Sie ihren beruflichen Werdegang gestaltet und welche praxisrelevanten Erfahrungen Sie darüber hinaus gesammelt haben. Auslandsaufenthalte, soziales Engagement, besondere Talente – alles das kann für Ihre Karriere und Ihren zukünftigen Arbeitgeber interessant sein. Machen Sie sich immer wieder klar, dass eine erfolgreiche Stellungssuche eine sorgfältige Analyse der eigenen Fähigkeiten und der geforderten Kenntnisse voraussetzt.

Berufliche Qualifikation

Die Stellungssuche sollte mit einer beruflichen Bestandsaufnahme beginnen. Dazu ist es nützlich, sich zunächst den eigenen Werdegang in allen bisherigen Stationen detailgenau vor Augen zu führen. Die folgende Checkliste hilft Ihnen bei der beruflichen Standortbestimmung:

- Welche Berufsausbildung haben Sie?
- Falls Sie studiert haben: Welche Fachrichtung haben Sie studiert? Welches waren Ihre fachlichen Schwerpunkte?
- Welche Zusatzqualifikationen haben Sie erworben, die für einen Arbeitgeber interessant sein könnten (z.B. Auslandsaufenthalte, Sprachkenntnisse, EDV-Kenntnisse)?
- Welche beruflichen Erfahrungen haben Sie bereits gesammelt? Zählen Sie alle beruflichen Stationen auf.
- Welche Tätigkeiten haben Sie ausgeführt? Welches waren die wichtigsten Aufgabenbereiche?

- Was haben Sie in Ihrem bisherigen beruflichen Werdegang erreicht? Notieren Sie alle wichtigen Erfolge, die Sie eigenverantwortlich erzielt haben. Achten Sie darauf, Ihre Leistungen positiv darzustellen.
- Und abschließend: Welche dieser Kenntnisse und Fähigkeiten haben Ihnen besonderen Spaß gemacht?

Persönliche Stärken

Für eine umfassende Bestandsaufnahme ist es darüber hinaus wichtig, dass Sie Ihre persönlichen Fähigkeiten realistisch einschätzen können. Denn wer andere von seinen Fähigkeiten überzeugen will, muss vor allem erst einmal selber wissen, was er kann. Überlegen Sie daher möglichst genau, wo Ihre Stärken und Schwächen liegen. Falls Ihnen das auf Anhieb schwer fällt: Reden Sie auch mit Menschen, die Sie gut kennen. Holen Sie sich von diesen Freunden die Bestätigung darüber, was sie an Ihnen besonders schätzen, privat und im Beruf. Die folgende Liste soll Ihnen helfen, Ihre beruflichen Neigungen und Interessen genauer einzuschätzen. Um die Bewertung zu erleichtern, können Sie die einzelnen Eigenschaften gewichten, zum Beispiel:

1 = stark ausgeprägt
2 = mittel
3 = eher schwach ausgeprägt

- ☐ Abstraktionsvermögen
- ☐ Anpassungsfähigkeit
- ☐ Auftreten
- ☐ Belastbarkeit
- ☐ Durchhaltevermögen
- ☐ Ehrgeiz
- ☐ Einfühlungsvermögen
- ☐ Geduld
- ☐ Handwerkliches Geschick
- ☐ Kompromissbereitschaft
- ☐ Kontaktfreude
- ☐ Analytisches Denken
- ☐ Aufgeschlossenheit
- ☐ Begeisterungsfähigkeit
- ☐ Beobachtungsgabe
- ☐ Durchsetzungsvermögen
- ☐ Eigeninitiative
- ☐ Entscheidungsfreude
- ☐ Genauigkeit
- ☐ Improvisationstalent
- ☐ Konfliktfähigkeit
- ☐ Konzentrationsfähigkeit

- ☐ Kreativität
- ☐ Lernbereitschaft
- ☐ Motivationsfähigkeit
- ☐ Risikobereitschaft
- ☐ Selbstbewusstsein
- ☐ Sprachkenntnisse
- ☐ Technisches Verständnis
- ☐ Verantwortungsbereitschaft
- ☐ Wirtschaftliches Denken
- ☐ Leistungswille
- ☐ Menschenführung
- ☐ Organisationstalent
- ☐ Selbständigkeit
- ☐ Sorgfalt
- ☐ Teamfähigkeit
- ☐ Überzeugungskraft
- ☐ Verhandlungsgeschick
- ☐ Zuverlässigkeit

Um Ihre positiven Seiten auch in die Bewerbung einzubringen, müssen Sie diese Eigenschaften auch belegen oder begründen können. Machen Sie für sich selbst eine Bestandsaufnahme Ihrer (mit 1 bewerteten) Stärken. Belegen und begründen Sie diese Einschätzung aus Ihrer persönlichen oder beruflichen Erfahrung:

- **Wo und wann haben Sie diese Fähigkeiten erworben?**
- **Wo und wann haben Sie diese bisher eingesetzt?**
- **Wie könnten Sie diese Fähigkeiten in Zukunft einsetzen, wem wären sie nützlich?**

Berufliche Zielvorstellungen

Ähnlich wie es verschiedene Persönlichkeitstypen gibt, sind auch die beruflichen Ziele individuell unterschiedlich. Ihr zukünftiger Erfolg hängt nicht allein von Ihnen ab, auch das Umfeld, die technischen und menschlichen Faktoren entscheiden, ob Sie alle Ihre Fähigkeiten und Wünsche auch tatsächlich umsetzen können. Ob Sie vom Typ her eher in ein Großunternehmen oder mehr zu einem Mittelständler passen, ist zum Beispiel ein entscheidendes Kriterium.

Daher sollten Sie auch die folgenden Überlegungen anstellen, bevor Sie sich auf ein Stellenangebot bewerben:

- Gehören Sie zu den Menschen, die den Wunsch nach größtmöglicher Autonomie am Arbeitsplatz haben, oder ist Ihnen das Erreichen von Führungsaufgaben besonders wichtig?

- Gehen Sie nur arbeiten, um das nötige Geld zu verdienen, oder möchten Sie sich in Ihrem Beruf selbst verwirklichen?
- Möchten Sie durch Leistung beeindrucken oder haben Sie vor allem das Bedürfnis, sich ganz fachlichen Aufgaben zu widmen?
- Möchten Sie lieber in einem konservativ hierarchisch oder dynamisch innovativ strukturierten Unternehmen arbeiten?
- Arbeiten Sie lieber als „Einzelkämpfer" oder im Team?
- Haben Sie das Bedürfnis nach kreativer Arbeit oder bevorzugen Sie eine klar begrenzte, überschaubare Tätigkeit?
- Sind Sie fähig und gewillt, Stresssituationen auf sich zu nehmen, oder suchen Sie eine Stelle, in der ausgeglichenes Arbeiten möglich ist?
- Wie mobil sind Sie? Sind Sie zu einem Ortswechsel bereit?

Gezielt bewerben

Bei der Stellungssuche sind viele Faktoren von Bedeutung. Neben der Analyse der eigenen Ausgangsposition darf ein weiterer Aspekt nicht außer Acht gelassen werden, der jedoch von entscheidender Wichtigkeit ist: Eine gute Bewerbung ist nicht nur das Ergebnis einer guten und kritischen Selbstanalyse. Sie muss auch den „richtigen" Empfänger erreichen, um zum begehrten Arbeitsplatz zu führen. Wie lässt sich das erreichen?

Bevor Sie sich auf ein Stellenangebot bewerben, studieren Sie die Anzeige eingehend. Vergleichen Sie die Anforderungen mit Ihren Qualifikationen und prüfen Sie kritisch Ihre Eignung. Bewerben sollten Sie sich nur, wenn Sie berechtigte Chancen haben, und nur, wenn Sie sich wirklich für die angebotene Position interessieren. Schreiben Sie immer eine individuelle Bewerbung für jedes Unternehmen, auch wenn Sie sich bei mehreren Firmen bewerben. Ihr Anschreiben sollte den Eindruck erwecken, dass Sie unbedingt zu dieser Firma wollen und nicht nur irgendeinen Arbeitsplatz suchen. Sie können sich vorab gezielt Informationen über das Unternehmen einholen, indem Sie sich über das Internet oder telefonisch über den Arbeitgeber und die zu besetzende Stelle informieren oder – bei größeren Unternehmen – Imagebroschüren anfordern.

Sie brauchen aber nicht zu warten, bis der gewünschte Arbeitsplatz im Stellenteil der Zeitung angeboten wird. Sie können und sollten auch selbst aktiv werden. Eine oft unterschätzte Chance ist die Initiativ- oder Blindbewerbung, also eine Bewerbung, die Sie unaufgefordert an einen Arbeitgeber

Ihrer Wahl verschicken. Diese Form der Bewerbung ist heutzutage durchaus üblich und sogar zu empfehlen: Viele Firmen erhalten inzwischen so viele Initiativbewerbungen, dass sie auf kostenintensive Stellenanzeigen verzichten und gerne auf unaufgefordert eingegangene Bewerbungen zurückgreifen. Anders ausgedrückt: Wenn Sie nicht Ihre Bewerbung unaufgefordert an diese Unternehmen schicken, verschenken Sie eine Chance. Sich blind zu bewerben hat außerdem den Vorteil, dass Sie nicht wie bei einer Stellenausschreibung mit einer großen Zahl von Mitbewerbern konkurrieren müssen.

Übrigens: Was für die Bewerbung auf eine Stellenausschreibung zutrifft, gilt für eine Initiativbewerbung im Besonderen: Blind bewerben heißt nicht „auf Verdacht" Firmen anschreiben. Suchen Sie gezielt ein Unternehmen aus, für das Sie tätig werden möchten und machen Sie das in Ihrem Anschreiben deutlich.

Die Gestaltung der kreativen Bewerbung

Nachdem Sie jetzt alle wichtigen Voraussetzungen für eine korrekte Bewerbung kennengelernt haben – die Theorie also –, geht es in diesem Kapitel um die kreative Praxis. Verstehen Sie die nun folgenden Ideen als Vorschläge, wie Sie Ihren Bewerbungsunterlagen eine individuelle Note geben können. Eine kreative Bewerbung ist immer auch eine sehr persönliche Bewerbung, die viel Einfühlungsvermögen erfordert. Übernehmen Sie also nicht kritiklos, was andere Ihnen vorgemacht haben, sondern suchen Sie nach einer Lösung, die auf Ihre eigene Situation und die des Empfängers optimal passt.

Denken Sie immer daran: Eine gute Bewerbung geht auf die Wünsche des Unternehmens ein, bei dem man sich bewirbt. Das gilt insbesondere für eine kreative Bewerbung. Denn längst nicht jede Idee eignet sich für jeden Arbeitgeber. Was bei einer Firma mit einem innovativen Anspruch positiv auffällt, kann bei einem konservativen Unternehmen völlig fehl am Platz sein. Eine pfiffige Aufmachung und bildhafte Sprache sind besonders geeignet für solche Branchen, in denen Engagement und Kreativität von dem Bewerber erwartet werden, zum Beispiel im Werbe- und Marketingbereich. Eine schrille Bewerbung als Sachbearbeiter oder Buchhalter in einem alteingesessenen Großunternehmen wirkt schnell unangemessen. Ein Grafiker hingegen kann mit einer optisch gelungenen Aufmachung seiner Bewerbung gleichzeitig eine Probe seines Könnens geben. Ob Ihre Bewerbung „ankommt", hängt von Ihrem Fingerspitzengefühl ab. Denn sobald Sie sich von der Norm entfernen, gibt es keine allgemeingültige Idealform der Bewerbung mehr. Folgende Grundregeln sollten Sie immer beachten:

- Je kreativer die angestrebte Tätigkeit ist, desto fantasievoller können Sie auch Ihre Bewerbung gestalten. Das heißt auch: Nicht alle der in diesem Buch vorgestellten Bewerbungsideen sind in jeder Branche verwertbar.
- Die Bewerbung muss der Persönlichkeit des Bewerbers entsprechen. Insofern ist eine konventionelle Bewerbung unter Umständen passender als eine, die sich krampfhaft um Originalität bemüht. Feilen Sie so lange an Ihrer Bewerbung, bis Sie selber ein gutes Gefühl dabei haben.

- Auch eine kreative Bewerbung muss vor allem eines sein: wahr und vollständig. Die Originalität darf nicht zu Lasten der faktischen Information gehen. Sie riskieren sonst, dass Sie nur ein Kopfschütteln ernten und nicht die gewünschte Aufmerksamkeit.
- Die Wirkung Ihrer Bewerbung hängt nicht zuletzt davon ab, ob Inhalt und Verpackung in einem stimmigen Zusammenhang stehen. Wenn Sie sich also für einen sachlichen Text entscheiden, sollte auch die Aufmachung seriös wirken. Eine poppig bunte Mappe passt hingegen zu einem pfiffig formulierten Text.

Bevor Sie Ihre Bewerbungsunterlagen zur Post bringen, sollten Sie prüfen, welche Botschaft Ihre Entwürfe vermitteln, ob sie eventuell zweideutig sind, oder überzogen oder künstlich wirken. Versetzen Sie sich dazu in die Lage des Empfängers. Welche Reaktionen könnten Sie mit Ihrer Bewerbung bei dem Personalverantwortlichen hervorrufen? Zufrieden können Sie sein, wenn es Ihnen gelungen ist, den Unterlagen einen persönlichen Anstrich zu geben, und wenn die Bewerbung Ihr Ziel unterstützt, sich von Ihrer Konkurrenz abzuheben.

Gut verpackt ist halb gewonnen

Die Verpackung ist neben dem informativen Inhalt der Bewerbung wichtiger, als viele glauben. Sie bestimmt den berühmten ersten Eindruck, den Ihre Unterlagen auf den Empfänger machen. Das Auge isst schließlich mit! Bewährt hat sich die Bewerbungsmappe, in die die „sauberen" Unterlagen in der richtigen Reihenfolge (Anschreiben, Lebenslauf, Zeugnisse, Arbeitsproben) geheftet werden.
Diesen Rahmen sollten Sie beibehalten. Kein Personalchef wird begeistert sein, wenn er Ihre Unterlagen erst mühsam auspacken und entfalten muss. Oder wenn er Ihr Anschreiben aus Puzzleteilen zusammensetzen soll oder ihm aus dem Umschlag buntes Konfetti entgegenfällt. Die Verpackung sollte also zweckmäßig sein. Eine ansprechende Mappe mit hellgrauem Papier zwischen anthrazitfarbenen Pappendeckeln dürfte selbst auf den Personalverantwortlichen eines seriösen Großunternehmens großen Eindruck machen.

Es gibt vielfältige Möglichkeiten, das „Drumherum" Ihrer Bewerbung korrekt und dennoch optisch interessant zu präsentieren. Nutzen Sie diesen individuellen Spielraum bei der Gestaltung Ihrer Mappe und machen Sie Ihre Bewerbung zum optischen Blickfang! Das ist einfacher, als Sie vielleicht denken. Viele der nun folgenden Vorschläge lassen sich mit wenig Zeit- und Kostenaufwand realisieren. Spielen Sie mit Form, Farbe und Material. Für eine kreative Veränderung können Sie beispielsweise das Papierformat verändern, ein unkonventionelles Foto beifügen, ein Deckblatt als Blickfang gestalten oder eine Alternative zum Plastikschnellhefter suchen.

Rund ums Papier

Die meisten Bewerbungen werden auf weißem unlinierten Papier versandt. Selbst wenn Sie sich eher für die konventionelle Form der Bewerbung entscheiden, haben Sie mit Ihrer Papierwahl hier schon gute Chancen, sich ohne großen Aufwand aus der Masse der Bewerbungen abzuheben. Im Handel gibt es verschiedenfarbige Papiere aller Art. Das kann je nachdem seriös (grau marmoriert), verspielt (hellgrün) oder poppig (knallgelb) wirken. Für welche Farbe Sie sich entscheiden, hängt von Ihrem persönlichen Geschmack ab und von dem anvisierten Adressaten. Wenn Sie sich beispielsweise als Führungskraft bei einer Großbank empfehlen wollen, wird Umweltschutzpapier wahrscheinlich weniger gut ankommen. Für eine Bewerbung als Umweltschutztechniker oder Redakteur einer Ökozeitschrift ist recyceltes Papier dagegen geradezu ein Muss. Achten Sie darauf, dass die Schrift gut lesbar bleibt. Damit Ihre Unterlagen einheitlich wirken, sollten Sie unbedingt auch Ihre Zeugniskopien auf demselben Papier kopieren. Und natürlich sollten Sie Papier und Mappe farblich aufeinander abstimmen. Abzuraten ist übrigens von allzu aufwändigen schweren Papieren oder offensichtlich teuren Papieren mit Wasserzeichen, da sie schnell protzig wirken. Weitere Ideen:

- **Ein guter Tipp, wenn Sie Ihre Unterlagen besonders übersichtlich präsentieren möchten: Kopieren Sie Ihre Zeugnisse verkleinert (cirka 80 Prozent). Auf diese Weise bleibt auf den Unterlagen oben ein weißer Rand frei, den Sie zum**

Beschriften nutzen können, beispielsweise „Abiturzeugnis", „Praktikumsbescheinigung der Audi AG" etc.

- Transparentes Papier, im Fachhandel als „hochtransparentes Zeichenpapier" erhältlich, lässt sich verblüffend effektvoll einsetzen. Sie können es mit einem Laserdrucker bedrucken und für das Anschreiben Ihrer Bewerbung verwenden. Legen Sie in diesem Fall ein unbeschriebenes Papier dahinter, um die Lesbarkeit zu gewährleisten.
- Oder wie wäre es mit einem Anschreiben auf durchsichtiger Folie? Einfach das Anschreiben im Copyshop auf Folie umkopieren.
- Eine interessante Wirkung lässt sich auch mit Farbkopierern erzielen, die in guten Copyshops zur Verfügung stehen. Warum also Ihre Zeugnisse nicht einmal in Grün, Rot oder Blau kopieren?
- Legen Sie Ihrem Anschreiben eine Kopie zugrunde (siehe Beispiel 1). Der Fantasie sind hier kaum Grenzen gesetzt, jedoch sollte das kopierte Motiv zum Unternehmen passen. Beispiele: Holzstruktur, wenn Sie sich im Holzbereich bewerben, eine Werbeanzeige der Autofirma, für die Sie tätig werden wollen, eine Landkarte für eine Bewerbung im Touristikbereich. Für diesen Vorschlag benötigen Sie einen besonders guten Kopierer, der über die Einstellungen größer/kleiner, hell/dunkel verfügt. Im Vorteil sind Computerprofis: Sie können das Motiv einscannen und nach Bedarf „soften".

Alternativen zum Plastikschnellhefter

Nehmen Sie Abschied von dem langweiligen Einheitsschnellhefter und gestalten Sie eine individuelle Bewerbungsmappe. Eine ansprechende Alternative können Sie mit zwei Pappkartons herstellen, die Sie mit einer Klemmschiene zusammenfügen. Wenn Sie für das Deckblatt einen dünneren Karton verwenden, können Sie ihn zusätzlich mit Drucker oder Schreibmaschine rechts unten mit Ihrem Namen beschriften. Wie bei der Papierwahl ist auch hier die Wahl der Farbe ein entscheidender Faktor für die Wirkung

Ihrer Bewerbungsmappe. Von edel bis schrill sind alle Nuancen möglich. Entscheiden Sie sich für eine Farbe, die harmonisch zu dem von Ihnen gewählten Papier passt.
Wenn Sie Durchsicht wünschen, weil Sie vielleicht dem Leser den Blick auf ein kreativ gestaltetes Deckblatt gewähren wollen, können Sie Ihre Unterlagen auch zwischen zwei klare Plastikfolien mit einer Klemmschiene zusammenheften. Hier sind weitere gute Möglichkeiten, einmal etwas ganz anderes zu machen:

- Gestalten Sie den Deckkarton gleich als Blickfang. Schneiden Sie mit einem Papierschneidemesser (Cutter) vorsichtig ein Sichtfenster heraus, das den Blick auf Ihren Namen, Anschrift und Qualifikation auf dem dahinter liegenden Blatt sichtbar werden lässt.
- Lassen Sie Ihre Bewerbung mit einer Klebe- oder Spiralbindung binden. Diese zugegeben aufwändige und kostspieligere Idee kommt im Verlags- oder Werbebereich gut an und eignet sich auch gut, wenn Sie Ihren Unterlagen mehrere Arbeitsproben beilegen wollen, beispielsweise als Fotograf, Grafiker, Architekt oder Journalist. Dann vielleicht mit Inhaltsverzeichnis?
- Wenn Sie handwerklich begabt sind und sich in einer kreativen Branche bewerben, lassen Sich natürlich noch unendlich viele weitere Möglichkeiten denken. Spielen Sie mit verschiedenen Materialien: Auch mit Wellpappe (im Handel in unterschiedlichen Farben erhältlich), Stoff, Leder, Japanpapier, Geschenkpapier etc. lassen sich kreative Einbände gestalten.
- Im Einzelfall können sich Gestaltungen anbieten, die sich von der Mappenform entfernen, beispielsweise wenn die äußere Form der Bewerbung auf das Produkt des Unternehmens Bezug nimmt. Ein Beispiel: An eine Zigarettenfirma verschickte ein Marketingabsolvent seine Bewerbung in einer großen Rolle, die wie eine Zigarette gestaltet war.

Setzen Sie sich ins Bild

Zu einem positiven Gesamteindruck Ihrer Bewerbungsunterlagen gehört ein gutes Foto. Der Empfänger wird sich im wahrsten Sinne des Wortes ein Bild von Ihnen machen. Das Foto sollte also einen möglichst günstigen und natürlichen Eindruck von Ihnen vermitteln, es muss darüber hinaus aktuell und technisch einwandfrei sein. Wenn Sie nicht selber Fotograf sind, sollten Sie das Bild bei einem Berufsfotografen machen lassen.

Gegen das übliche Passfoto ist nichts einzuwenden. Die meisten Bewerber befestigen es oben rechts auf dem Lebenslauf. Mehr Aufmerksamkeit erzielen Sie aber mit kreativen Varianten dieses Standards, indem Sie beispielsweise

- ein abweichendes Format wählen,
- das Fotos besonders platzieren,
- mehrere Fotos einsenden,
- das Foto einscannen.

Alle Abweichungen sind erlaubt, wenn Ihr Gesicht groß genug und deutlich erkennbar ist. Von Ganzkörperfotos ist daher in der Regel abzuraten. Allerdings muss es auch nicht das typische Pass-Brustbild im Halbprofil sein. Ein Schwarzweiß-Porträt im 9 x 13-Querformat wirkt schon erfrischend anders. Auch die Arme dürfen ruhig im Bild zu sehen sein. Warum nicht einmal ein Foto auswählen, das mit dem gewünschten Beruf zu tun hat, beispielsweise den Manager am Schreibtisch, den Informatiker am Computer, den Toningenieur mit der Gitarre in der Hand? Selbst ein Schnappschuss kann unter Umständen geeignet sein, wenn Sie auf dem Foto besonders gut getroffen sind.

Wenn Sie mehrere Fotos einsenden wollen, sollten diese aufeinander abgestimmt sein. Denkbar ist beispielsweise ein bebilderter Lebenslauf.

Einen besonders interessanten Effekt können Sie mit einer Fotoserie, also einer Fortsetzung des Einzelbildes, erzielen. Für den Betrachter ist die Serie besonders aufschlussreich, weil auch Mimik erkennbar wird. Technischer Hinweis: Die Fotos sollten vom gleich bleibenden Standort mit gleich bleibender Belichtung aufgenommen sein. Besonders ungewöhnlich wirkt eine

Schwarzweiß-Fotoserie, wenn sie zusammenhängend als Kontaktstreifen entwickelt worden ist, so dass der Filmrand sichtbar bleibt. Computerprofis können diesen Effekt am Mac mit eingescannten Fotos nachbilden. Und noch ein Tip für Bewerber in besonders kreativen Branchen: Auch mit der Polaroid-Kamera lassen sich interessante Bildserien herstellen.
Die individuelle Platzierung des Fotos hängt von Ihrer Persönlichkeit ab. Sie können es dezent auf ein Extrablatt (bei mehreren Fotos einen dünnen Karton nehmen) kleben und hinter dem Anschreiben einheften. Mehr Aufmerksamkeit gewinnen Sie, wenn Sie das Foto für Ihre Deckblattgestaltung nutzen.

Blickfang Deckblatt

Ein Deckblatt ist für die Vollständigkeit Ihrer Unterlagen keineswegs vorgeschrieben, jedoch setzt es sich in der Bewerbungspraxis zunehmend durch und schafft viel Spielraum für eine kreative Gestaltung. Ihr Foto zusammen mit Name, Anschrift und Berufsbezeichnung bietet beispielsweise einen informativen und ansprechenden Einstieg in Ihre Bewerbung. Die Anordnung dieser Elemente bleibt Ihrem individuellen Geschmack und Ihrer Fantasie überlassen.
Sie können das Deckblatt aber auch einzig und allein dazu nutzen, den Leser neugierig zu machen, etwa mit einem persönlichen Satz, einem Zitat oder witzigen Spruch. Das Wichtigste ist, dass die Aussage und Aufmachung des Deckblattes zu Ihrer Bewerbung passt. Am unteren Rand des Deckblattes könnte zum Beispiel stehen: „Ich möchte Sie kennenlernen". Weitere Ideen:

- Bei einer Blindbewerbung: „Fragen kostet nichts".
- „Guten Tag (in Süddeutschland: „Grüß Gott"). Ich möchte mich vorstellen."
- Bei Berufen, die mit Verkaufen zu tun haben: „Ich weiß, dass ich verkaufen kann und will darauf meine Karriere aufbauen!"
- „Die besten Antworten auf Ihre Fragen ...". Dieser Spruch ist besonders passend, wenn Sie Ihr Anschreiben in Form eines Interviews verfassen.

- „YOU HAVE NEW MAIL": Besonders geeignet für eine Bewerbung in der Computerbranche. Vielleicht haben Sie schon per E-Mail Ihre Bewerbung angekündigt?
- „Das trifft sich gut. Sie wünschen sich einen neuen Mitarbeiter. Ich mir eine neue Herausforderung."
- „Wollen Sie wirklich diese Bewerbung lesen?"

Noch mehr Vorschläge aus der Fantasiekiste

- Unter einem Foto der Firma, bei der Sie sich bewerben, steht: „Hier möchte ich mich bewerben! Gesagt, getan."
- Gestalten Sie Ihr Deckblatt als Steckbrief, beispielsweise nach folgendem Muster:

„Jeder in der Straße wusste es irgendwie, aber keiner unternahm etwas. Es geschah im 2. Stock rechts:
Tatort: Hannover, Gemsenweg 15
Delikt: Verfassen dieser Bewerbung
Täter: Heinrich Reuter, Druckvorlagenhersteller
Augenzeugen: die Ehefrau, die Katze
und die Mitarbeiterin im Copyshop
Ergebnis: Sehen Sie selbst ...

- „Entschuldigen Sie, wenn ich mit der Tür ins Haus falle ...", darunter ein zu öffnendes Türchen (wie bei einem Adventskalender) mit dem Foto des Bewerbers dahinter.
- Oder eine offensivere Variante: „Sie haben schon 35 Bewerbungen gelesen? Haben einige Flops hinter sich? Dann entscheiden Sie sich jetzt spontan, diese Bewerbung zu lesen. Vielleicht erleben Sie ja Ihr blaues Wunder ..." Es folgt eine Bewerbung auf blauem Papier!

Bilder, Zeichnungen, Karikaturen

Bilder erzeugen Aufmerksamkeit, weil sie bei Bewerbungen nicht erwartet werden. Wenn Sie ein Bild oder eine Zeichnung verwenden, inhaltlich zu Ihrer Bewerbung passend, ist das eine gute Möglichkeit, Ihre Unterlagen optisch aufzupeppen. Bei der Auswahl von Bildern gibt es zwei grundsätzliche Richtungen: Sie können entweder informativ oder emotional wirken.

Im ersten Fall können Sie versuchen, mit einem Bild zusätzliche Argumente zu liefern: Als Architekt wählen Sie vielleicht eine Entwurfszeichnung für Ihr Deckblatt, als Schreiner können Sie mit einem Foto eines von Ihnen gefertigten Möbelstückes für sich werben.

Im zweiten Fall wollen Sie emotionale Reaktionen auslösen, der Leser soll schmunzeln, sich wundern oder freuen. Das gelang beispielsweise dem Bewerber eines Markenartikelherstellers, der das Firmenlogo in sein Anschreiben einkopierte und verschiedene Marken des Unternehmens für die Gestaltung des Briefes nutzte. Eine andere pfiffige Idee hatte eine Bewerberin aus der Verlagsbranche: Sie zerschnitt ihr Foto in Streifen und klebte es bewusst falsch zusammengesetzt auf. Darunter stand: „Machen Sie sich ein Bild von mir!". Als echte „Hingucker" erweisen sich in der Regel Karikaturen oder Comics, denn sie versprechen Unterhaltung. Wenn Sie keine passende Zeichnung finden und selbst nicht gut genug zeichnen können, versuchen Sie folgenden Trick: Übernehmen Sie einen fertigen Comic und tauschen Sie die Sprechblasen Ihren Bedürfnissen entsprechend aus.

Bei der Wahl eines Bildes sollte man seine eigenen Ansprüche im Kopf haben. Überlegen Sie immer, womit man das Bild oder die Figur in Verbindung bringen könnte. Wenn Sie sich auf eine leitende Position in einem Industrieunternehmen bewerben, passen Comicfiguren kaum zu dem von Ihnen gewünschten Image. Hier könnte eine technische Konstruktionszeichnung auf dem Deckblatt für eine sehr individuelle Aussage sorgen.

Beispiel 1: Anschreiben

Daniel Schneider
Blumenweg 15
10625 Berlin
Tel. 0 30/3 47 45 22

5. Oktober 1997

Architekturbüro Leinberger & Partner
Herr Leinberger
Kurfürstenstr. 135

10785 Berlin

Ihre Anzeige in der „Bauwelt" 36 vom 29. September 1997

Sehr geehrter Herr Leinberger,

Ihren fachlichen Anforderungen kann ich aufgrund meiner 10-jährigen Berufserfahrung als Architekt entsprechen. Deshalb bewerbe ich mich auf die ausgeschriebene Stelle.

Der beigefügte Lebenslauf informiert Sie über meine Ausbildung und meine verschiedenen beruflichen Aufgaben.

Zur Zeit bin ich in einem Architekturbüro mittlerer Größe in Berlin tätig. Mein Aufgabenschwerpunkt umfasst Projektsteuerung vor Ort, die Vorbereitung, Durchführung und Koordination von Vorhaben im Wohnungsbau, Bauleitung bei größeren Projekten, Detail- und Ausführungsplanung. Die Tätigkeit erfordert Organisationstalent, Verhandlungsgeschick und die Fähigkeit, komplexe Planungen zu erfassen und umzusetzen.

Ich habe mir gründliche Kenntnisse im Bau- und Planungsrecht angeeignet und verfüge auch über CAD-Erfahrung.

Darüber hinaus können Sie von mir Engagement für die Belange der Architektur und der Bauherren, aber auch Neugier und Aufgeschlossenheit für die ganze Bandbreite der in Ihrem Architekturbüro ausgeführten Leistungen erwarten.

Es würde mich sehr freuen, wenn Sie mich zu einem Vorstellungsgespräch einladen. Da ich mich in ungekündigter Stellung befinde, bitte ich Sie, diese Bewerbung vertraulich zu behandeln.

Mit freundlichen Grüßen

Anlagen

Daniel Schneider

Beispiel 2: Anschreiben

Gernot Breitner
Liebermannstr. 35
96047 Bamberg
Tel. 09 51/47 66 40

21. Juli 1997

BVK Reise- und Verkehrsverlag
Personalabteilung
Rathausstr. 40

52072 Aachen

Bewerbung für eine Anstellung im Bereich Marketing/Werbung/ Verkaufsförderung

Sehr geehrte Damen und Herren,

hiermit möchte ich mich bei Ihnen um eine Anstellung im Bereich Marketing/Werbung/Verkaufsförderung bewerben.

Schon immer interessiere ich mich besonders für Geographie und Touristik, was sich auch wie ein „roter Faden“ durch meine bisherigen Tätigkeiten zieht – Leistungskurs Erdkunde, Geographiestudium, 13-monatiges Praktikum bei einem Reiseveranstalter, ständiges Reisefieber ...

Seit Dezember 1994 habe ich mein BWL-Studium mit dem Schwerpunkt Marketing an der Universität Bamberg als Dipl.-Kaufmann abgeschlossen und absolviere zur Zeit (bis 31. Juli) ein freiwilliges Praktikum bei der Schubert & Frantzen GmbH im Bereich Werbung/Verkaufsförderung/Messe.

Berufliche Erfahrungen konnte ich ferner während meiner etwa 1 ½-jährigen Tätigkeit als Handelsvertreter der Trippe AG sammeln. Sowohl bei dieser Beschäftigung als auch während meines 13-monatigen Praktikums bei Hafermann Reisen in Stuttgart habe ich selbständiges, verantwortungsbewußtes Handeln gelernt. Als weitere Stärken möchte ich noch meine hohe Flexibilität (zeitlich, räumlich und auch geistig) sowie großen Spaß und Zuverlässigkeit bei der Organisation von Projekten und Aktionen erwähnen.

Doch genug der Floskeln!
Ich würde mich freuen, wenn Sie mich telefonisch oder schriftlich zu einem Vorstellungsgespräch einladen würden und ich Sie persönlich von meiner Eignung überzeugen könnte.

Mit freundlichen Grüßen

Anlagen

Gernot Breitner

Beispiel 3: Deckblatt

Bewerbung
als Exportsachbearbeiterin

Petra Kleinmeier
Grabenweg 15
44147 Dortmund
Tel. 02 31/48 33 94

Inhalt

Anschreiben
Lebenslauf
Zeugnisse

Beispiel 4: Deckblatt

Torsten Heinz

BEWERBUNG

Der kleine Unterschied: Anschreiben, die auffallen

Ob Ihr Anschreiben beim Empfänger „ankommt", hängt unter anderem davon ab, wie es geschrieben ist. Wichtig ist ein guter, ansprechender Stil, der Aufmerksamkeit und Interesse weckt. Es reicht nicht aus, die Musterbriefe oder Textbausteine aus den Bewerbungsratgebern abzuschreiben. Viele Bewerbungen beginnen immer noch mit dem Satz „Hiermit bewerbe ich mich ...". Ein Personalchef, der das zwanzigmal hintereinander liest, kommt sich zu Recht veralbert vor. Er wird den Eindruck gewinnen, dass sich die Briefschreiber nicht aufmerksam mit ihrer Bewerbung befasst haben.
Die Nase vorn dagegen hat, wer so schreibt, dass der Empfänger seinen Text gerne liest. Wenn Sie einen Personalchef darüber hinaus zum Staunen oder Schmunzeln bringen, haben Sie ihn schon für sich gewonnen.
Nun lässt sich so ein Anspruch leicht formulieren, doch wie lässt er sich in die Praxis übertragen? Was können Sie tun, um ein ansprechendes und stilistisch gutes Anschreiben zu verfassen, das zudem noch außergewöhnlich wirkt?
Der Beginn der Antwort klingt banal, ist es aber nicht: Schon Schopenhauer formulierte als „Erste Regel des guten Stils": „Dass man etwas zu sagen habe: O, damit kommt man weit!" Anders ausgedrückt: Je intensiver Sie sich darüber Gedanken machen, was Sie sagen wollen und wie man es am besten sagen kann, desto besser wird auch der Stil. Texten und Denken stehen in einem engen Zusammenhang. Einen guten Text zu entwerfen ist kein literarisches Kunststück, sondern eine Aufgabe, die sich mit Sachverstand, Interesse und den Mitteln der Umgangssprache lösen lässt.
Wie Sie darüber hinaus Ihren Schreibstil verbessern und Ihrem Anschreiben das „Tüpfelchen auf dem i" geben können, zeigt dieses Kapitel. Kreativität lässt sich auch auf dezente Art ausdrücken. Es muss nicht immer gleich das „Ei des Kolumbus" sein, auch kleine Ideen können große Wirkung haben. Für Originalität gibt es natürlich kein Patentrezept. Dennoch können Ihnen die folgenden Vorschläge dabei helfen, Ihr Anschreiben pfiffiger zu gestalten und zu formulieren. Lassen Sie sich von den folgenden Vorschlägen und Musteranschreiben anregen und suchen Sie sich die Ideen heraus, die Ihnen für Ihre Bewerbung passend erscheinen.

Den Stil verbessern

Ein moderner Brief ist knapp und ansprechend formuliert und übersichtlich gegliedert. Solche Briefe werden gern und schnell gelesen. Berücksichtigen Sie, dass der Personalchef nur wenig Zeit hat, sich mit Ihrer Bewerbung zu beschäftigen. Lesen ist für ihn Arbeit. Sie können sie ihm erheblich erleichtern, indem Sie

- **kürzere Sätze bilden,**
- **treffendere Worte wählen,**
- **überflüssiges Geschwafel vermeiden,**
- **direkt, frisch und positiv formulieren.**

Also bitte nicht schreiben: „Unter Bezugnahme auf unser Telefonat bewerbe ich mich hiermit um die ausgeschriebene oben genannte Position". Solches Bürokratendeutsch wirkt auf den Leser eher abschreckend. Es klingt umständlich, langatmig und altmodisch. In einem zeitgemäßen Bewerbungsschreiben hat es nichts zu suchen. Vermeiden Sie auch Ausdrucksweisen wie „zum Einsatz kommen", „zum Abschluss bringen" oder „Interesse empfinden", denn Substantive machen einen Satz steif und schwer lesbar. Verben wirken lebendiger. Schreiben Sie also schlicht und treffend: „einsetzen", „abschließen" oder „interessieren".

Und noch ein Tip: Ungünstig wirken Formulierungen mit „hoffen", „glauben" und „meinen", da Sie Unsicherheit und Zweifel beinhalten: „Ich glaube, den Anforderungen gerecht werden zu können" oder „Ich hoffe, dass Sie mich für die ausgeschriebene Stelle berücksichtigen" sind typische Beispiele. Drücken Sie selbstbewusst aus, was Sie können.

Ein sehr wirkungsvolles Stilmittel für ein kreatives Anschreiben sind Fragen. Geschickt eingefügt sorgen sie für Aufmerksamkeit und lockern den Text auf. Der Leser fühlt sich direkt angesprochen. Im konventionellen Briefstil werden Fragen häufig in indirekte Rede gekleidet. Untersuchen Sie Ihr Anschreiben daraufhin und verwandeln Sie solche Umschreibungen in direkte Fragen. Aus einem langatmigen Satz wie „Bitte lassen Sie mich wissen, ob ich Ihr Interesse geweckt habe" wird dann „Habe ich Ihr Interesse geweckt?" Oder noch kürzer „Sind Sie interessiert?" Auch Kurzfragen sind erlaubt. Eine dritte Version lautet ganz kurz und knackig: „Interessiert?"

Fragen können auch gezielt eingesetzt werden, um auf das Folgende neugierig zu machen: „Warum ich mich bewerbe? Ganz einfach. Ihr Angebot reizt mich."
Auch der Doppelpunkt ist als Stilmittel ist ein vielseitiger Helfer. Nur wenige nutzen ihn bisher und das ist schade. Betrachten Sie das folgende Beispiel: „Was meine Qualifikationen anbetrifft, so habe ich vor kurzem ein Studium der Betriebswirtschaft abgeschlossen." Dieser Satz könnte auch lauten: „Zu meinen Qualifikationen: Ich habe vor kurzem ein Studium der Betriebswirtschaft abgeschlossen." Das klingt viel klarer und direkter. Sie sehen: Der Doppelpunkt kann viel leisten. Sie können ihn einsetzen, um Gedanken zu gliedern, bestimmte Satzteile zu betonen und die Aufmerksamkeit des Lesers zu steigern: „Dabei ist zu beachten: ...", „Interessant ist für Sie sicherlich die folgende Tatsache: ..."

Anrede und Schluss verändern

Die Anrede „Sehr geehrte Damen und Herren" ist inzwischen eine Floskel, bei der sich keiner mehr etwas denkt. Mit einer pfiffigen Alternative können Sie schon mit der Grußformel Aufmerksamkeit erzielen: Die Anreden „Guten Tag, Frau Fischer" oder „Grüß Gott, Herr Seifert" wirken freundlich und unverbraucht und können in einem Bewerbungsschreiben an eine Firma mit „jungem" Image positiv wirken. Bei konservativen Unternehmen hingegen ist eher Zurückhaltung angebracht.
Aufmerksamkeit erregen Sie auch, wenn Sie die Betreffzeile und die Anrede in den ersten Satz einbinden. Beispiel:

Ihr Stellenangebot in der Rheinischen Post vom 5.4.1997,

sehr geehrter Herr Willbach,

hat mich besonders angesprochen. ...

Ähnlich stereotyp wie die Anrede lautet die Grußformel am Schluss des Briefes in der Regel „Mit freundlichen Grüßen". In zeitgemäßen Anschreiben sind jedoch vielfältige Variationen denkbar, die Sie Ihrem Brief individuell anpassen können. Einige Beispiele:

- Freundliche Grüße
- Beste Grüße nach Frankfurt
- Freundliche Grüße aus Berlin
- Aus München grüßt freundlich
- Grüße aus dem sonnigen Niederrhein
- Herbstliche Grüße von Eschweiler nach Ingolstadt sendet

Übersichtlich präsentieren

Wenn Sie sichergehen wollen, dass der Empfänger wichtige Informationen Ihres Briefes nicht übersieht, können Sie die Textstellen optisch hervorheben. Dafür stehen Ihnen mit entsprechend ausgestatteten Schreibmaschinen oder Computern folgende Möglichkeiten zur Verfügung:

- Unterstreichen
- **Fett drucken**
- *Kursiv setzen*
- S p e r r e n
- VERSALIEN
- Schriftart **wechseln**
- Schriftgrößen wechseln

Solche Hervorhebungen können – sinnvoll eingesetzt – viel bewirken. Zuviel des Guten aber verfehlt die Wirkung. Daher gilt die Grundregel: Gestaltungsmöglichkeiten nur sparsam anwenden und nur ganz wenige entscheidende Dinge herausheben.

Es gibt vielfältige Mittel, um einen Text übersichtlich und nachvollziehbar zu gestalten. Nutzen Sie auch die folgenden Möglichkeiten als wichtige Stilmittel:

- Aufzählungen
- Einrückungen (10 Grad nach rechts, Leerzeile vor und hinter dem eingerückten Text nicht vergessen)
- zentrieren

- Zwischentitel setzen
- Einzelzeilen für wichtige Textstellen

Für eine übersichtliche Gestaltung Ihres Briefes können auch Stellenanzeigen Pate stehen: Sie sind oft nach Mustern aufgebaut, die sich auch auf ein Anschreiben übertragen lassen. Neben dem Grundmuster „Wir sind/Wir suchen/Wir erwarten" finden sich viele Abwandlungen, beispielsweise: „Wir bieten Ihnen/Sie bieten uns/Es erwartet Sie" oder „Wir sind/Ihr Aufgabenbereich/Sie bringen folgende Voraussetzungen mit/Wir bieten Ihnen". Wenn Sie ein solches Schema für Ihre Bedürfnisse abwandeln und die Ordnungsmuster als Zwischenüberschriften einsetzen, erhalten Sie ein sehr klar gegliedertes Anschreiben.
Und noch ein Tip: Setzen Sie an Stelle der Betreffzeile doch einmal ein pointiertes Zitat oder eine kurze intelligente Aussage. Wenn es Ihnen gelingt, den Leser mit einer Headline neugierig zu machen, können Sie schon fast sicher sein, dass Ihr Anschreiben nicht auf dem Stapel „Absagen" landet.

Die richtigen Worte finden

Viele erfolgreiche Anschreiben entstanden dadurch, dass die Bewerber sich der Sprache der Unternehmen anpassten. Die Stellenanzeigen der Zeitungen sind voll von „leistungsorientierten" Wörtern und Formulierungen, die nach Ansicht der Betriebe einen Angestellten idealerweise beschreiben. Bewerber haben eine gute Möglichkeit, sich im Anschreiben inhaltlich und stilistisch daran zu orientieren. Betrachten Sie die folgende Sammlung gängiger Formulierungen. Sie wurden einer einzigen, nach dem Zufallsprinzip ausgewählten Seite des Stellenteils der Zeitung entnommen:

- umfassende Lösungen
- kreative Dienstleistung
- wichtige Säule
- qualifiziertes Team
- verantwortliche Mitarbeit
- auf Erfolge setzen
- über Erfahrung verfügen

- aufgeschlossenes Team
- erfolgreich mitarbeiten
- qualifizierte Ausbildung
- innovative Führungskraft
- geistige Mobilität
- große Aufgabenvielfalt
- Überzeugung und Begeisterung
- zum Ziel setzen
- Überzeugungskraft und Einfühlungsvermögen
- zeitgerechte und korrekte Abwicklung
- komplexe Sachverhalte präzise darstellen
- Verhandlungsgeschick und Kreativität
- Erfahrung sammeln
- Qualitätsanspruch an sich selbst stellen
- eigenverantwortliches Arbeiten
- progressives Unternehmen
- boomender Markt
- ideenreiches Engagement
- extrem erfolgreich

Lassen Sie solches Vokabular auch in Ihr Anschreiben einfließen. Sie können damit Ihre hohe Motivation und Entschlossenheit darstellen und Sie zeigen, dass Sie wissen, was man von Ihnen erwartet.
Junge Unternehmen, die sich besonders dynamisch und innovativ präsentieren möchten, nutzen inzwischen auch Umgangssprache in Ihren Stellenanzeigen: Es kann vorkommen, dass man von Ihnen in einer Stellenanzeige „'ne Menge Engagement" erwartet und dafür ein „tolles Arbeitsklima" bietet. In so einem Fall ist Umgangssprache auch in einem Anschreiben angemessen. Gezielt eingesetzt, können umgangssprachliche Formulierungen belebend und auflockernd wirken. Das Gleiche gilt für Dialekt.

... und: Auf Rechtschreibung und Zeichensetzung achten!

Marco Kinzel
Steinbrücker Str. 27
30659 Hannover
Tel. 05 11/42 43 50

15. Juli 1997

Kirch Baustoffwerke
Herr Thomas Gundlach
Apfelfeldweg 42-44

30629 Hannover

Das trifft sich gut. Sie wünschen sich einen neuen Vertriebsmitarbeiter (FAZ 2.7.1997). Und ich mir eine Herausforderung.

Sehr geehrter Herr Gundlach,

wenn Sie für die Betreuung Ihrer Kunden auch einem hochmotivierten Einzelhandelskaufmann eine Chance geben, kann ich mir gut vorstellen, dieser neue Vertriebsmitarbeiter zu sein. Denn was Sie verlangen, kann ich leisten.

Seit fünf Jahren bin ich in dem renommierten Autohaus, in dem ich auch meine kaufmännische Lehre abgeschlossen habe, als Verkäufer tätig. Ich weiß daher, dass mir der Umgang mit Kunden liegt. Mein Ausbildungszeugnis bescheinigt eine „hervorragende Kommunikationsfähigkeit“ und „sicheres persönliches Auftreten”.

In Ihrer Anzeige betonen Sie die Kundenorientierung Ihres Unternehmens. Was verstehen Sie darunter? Ich lege es so aus: Ein kundenorientierter Vertriebsmitarbeiter kann nicht nur verkaufen, sondern auch zuhören, qualifiziert beraten, auch mal eine „Extrawurst braten” und dem Kunden das Gefühl geben, dass er sein Geld gut investiert.

Wenn Ihnen diese Einstellung gefällt und Ihnen meine Zeugnisse als zusätzliche gute Voraussetzung erscheinen, komme ich gern zu einem Vorstellungsgespräch zu Ihnen.

Geben Sie mir Gelegenheit, die Herausforderung anzunehmen?

Mit freundlichen Grüßen

Anlagen

Marco Kinzel

Beispiel 2: Online-Redakteur

Stefan Birkfelder
Alleestr. 202
47169 Duisburg
Tel. 02 03/9 56 43 22

14. Juni 1997

Futura Verlag
Herr Klaus Wimmer
Lichtendorfer Str. 75

40223 Düsseldorf

Bewerbung als „Online-Redakteur"
Ihre Anzeige in der FAZ vom 3.6.1997

Sehr geehrter Herr Wimmer,

Sie suchen den „erfolgshungrigen Multimedia-Profi", der innovative Verlagsprodukte konzipiert und umsetzt. Das hat mich neugierig gemacht. Nach unserem Telefongespräch am 7. Juni hatte ich den Eindruck, dass ich gut in Ihr Unternehmen passe. Um auch Sie neugierig zu machen, hier mein Kurzprofil:

Interessant für Sie: Abschluss Uni, Erfahrung bei der Betreuung von Online-Produkten (CD-ROM), Interesse am Thema Wirtschaft, Vertrautheit mit der Arbeitsweise großer Unternehmen. Sicherer Umgang mit der deutschen Sprache, gute Englischkenntnisse. Sicheres Auftreten, kreatives Denken, Gestaltungswille.

Wichtig für mich: arbeiten in einem kommunikativen Team, abwechslungsreiches Tätigkeitsfeld, attraktive Entwicklungsmöglichkeiten, Kreativität als Erfolgsfaktor.

Eine Zusammenarbeit bietet beiden Seiten gute Chancen, davon bin ich überzeugt. Über Ihre Zustimmung würde ich mich freuen.

Freundlich grüßt Sie

Anlagen

Stefan Birkfelder

Beispiel 3: Mitarbeiterin Marketing

Manuela Freising
Magazinstr. 18
79104 Freiburg
Tel. 07 61/49 74 63

5. Oktober 1997

Geiger International
Personalabteilung
Ottostr. 10

80333 München

Ihre Anzeige in der Freien Presse vom 2.10.1997
„Mitarbeiter/in Produktmarketing"

Grüß Gott,

als Marketingfachfrau kann ich strategisch und konzeptionell denken und handeln. Mein Beruf macht mir Spaß, wenn ich mich richtig ins Zeug legen und in einem engagierten Team mitarbeiten kann. Abwechslung, Selbständigkeit und viel Action wünsche ich mir auch von meinem zukünftigen Arbeitsplatz.

Klingt gut? Dann möchte ich mich Ihnen kurz vorstellen. Nach Abschluss eines Studiums in BWL bin ich seit 1995 bei der Kunze AG, Freiburg, im Bereich Marketing tätig. Zu meinen Aufgaben gehört die selbständige Abwicklung im Produktmarketing und bei der Imagewerbung. Der Computer (Winword, Excel, Power Point) ist dabei mein täglicher Helfer.

Und falls Sie noch mehr von mir wissen möchten – auch das gehört zu meinem persönlichen Profil:

• selbstbewusstes Auftreten • Kontaktfreude und Fingerspitzengefühl im Umgang mit Kunden • Ehrgeiz und Kreativität • Die Stärke, sich für ein Ziel einzusetzen • Pluspunkt: 1 Jahr Auslandserfahrung

Hat diese Bewerbung Sie neugierig gemacht? Dann freue ich mich über eine Einladung zu einem Vorstellungsgespräch.

Mit freundlichen Grüßen

Anlagen

Manuela Freising

Beispiel 4: Leiter Werbeabteilung

Gerd Heimaran
Fürstenbergstr. 28
79108 Freiburg
Tel. 07 61/49 94 75

10. August 1997

Lohmer & Lausch GmbH
Personalwesen
Postfach 52 07 80

50943 Köln

Bewerbung als Leiter der Unternehmenswerbung (FAZ, 4. August 1997)

Sehr geehrte Damen und Herren,

Ich bin ...
... seit mehr als zehn Jahren im Bereich Öffentlichkeitsarbeit der Freiburger Colora AG tätig. Nach meinem Studium der Germanistik war ich zunächst ein Jahr befristet bei der Pfälzischen Verlagsanstalt, Landau, als PR-Referent angestellt und wechselte dann für drei Jahre in die Schmücker & Partner Werbeagentur nach Freiburg.

Ich verfüge über Erfahrung bei ...
... der Kontaktpflege zu Presse, Funk und Fernsehen, bei der inhaltlichen Entwicklung und Umsetzung von kommunikationsstarken Imagekampagnen (Themenfindung, Redaktion, Produktion) ebenso wie bei der Vorbereitung von Reden und Präsentationen vom Briefing bis zur Hardcopy.

Ich biete Ihnen außerdem ...
... gute Englisch- und PC-Kenntnisse und den Ehrgeiz, mit innovativen Konzepten das Ansehen Ihres Unternehmens in der Öffentlichkeit zu stärken.

Ich suche ....
... eine neue verantwortungsvolle Tätigkeit, da sich in meiner jetzigen Position mittel- und längerfristig keine Möglichkeit bietet, beruflich weiterzukommen.

Ich könnte mit meiner Arbeit bei Ihnen am 1. Januar 1998 beginnen, die Gehaltsfrage möchte ich gerne in einem persönlichen Gespräch klären.

Mit freundlichen Grüßen

Anlagen

Gerd Heimaran

Beispiel 5: Kaufmännischer Leiter

Torsten Grothe
Markgrafenstr. 12
70323 Stuttgart
Tel. 07 11/45 83 95

2. September 1997

AMPE-Werke
Herr Dominik Brunner
Türkenstr. 104

86165 Augsburg

In Ihrer Anzeige (Süddeutsche Zeitung, 23.8.1997),

sehr geehrter Herr Brunner,

suchen Sie einen dynamischen Kaufmann mit langjähriger Erfahrung und Führungsqualitäten. Für die anspruchsvollen Aufgaben, die Sie in Ihrer Anzeige nennen, bringe ich gute Voraussetzungen mit. Was habe ich zu bieten?

Als Diplom-Volkswirt kann ich auf eine langjährige Erfahrung in der Industrie wie im Schulungs- und Weiterbildungsbereich verweisen. Nach Tätigkeiten in einer Großbank und als kaufmännischer Leiter bin ich seit drei Jahren Hauptabteilungsleiter in einer internationalen Vertriebsgesellschaft. Ich verfüge über folgende Kenntnisse:

- Finanz- und Rechnungswesen
- Planung, Controlling
- EDV-gestützte Informationssysteme, Kostenmanagement
- Eigene Moderationserfahrung, Schulungs-Know-how
- Personalentwicklung
- Englisch verhandlungssicher, Französisch

Entspricht das Ihren Wünschen? Sie können von mir hohe Einsatzbereitschaft und Eigeninitiative ebenso erwarten wie Zuverlässigkeit und ein ausgeprägtes Verantwortungsbewusstsein.

Es ist mir wichtig zu erwähnen, dass ich den Stellungs- und Ortswechsel aus privaten Gründen anstrebe, da meine Familie bereits seit einem Jahr in Hamburg lebt. Ich bin an eine dreimonatige Kündigungsfrist gebunden, könnte also frühestens zum 1.12.1997 beginnen.

Ich danke Ihnen für Ihr Interesse. Zu einem persönlichen Gespräch bin ich gerne bereit.

Es grüßt Sie herzlich

Anlagen

Torsten Grothe

Beispiel 6: Ausbildungsplatz als Buchhändler

Thorsten Gebauer
Mariannenstr. 12
56072 Koblenz
Tel. 02 61/57 47 44

5. Mai 1997

Buchhandlung am Markt
Herr Herbert Rosner
Am Treppchen 45

56077 Koblenz

"Von Buch zu Buch, von Blatt zu Blatt!
Da werden Winternächte hold und schön,
Ein selig Leben wärmet alle Glieder,
Und ach! Entrollst du gar ein Pergament,
Steigt der ganze Himmel zu dir nieder."
(1105, Fausts Gehilfe Wagner in Faust I)

Bewerbung um einen Ausbildungsplatz

Sehr geehrter Herr Rosner,

unter den Büchern, die wir im Deutsch-Leistungskurs durchgenommen haben, war Goethes „Faust" mein Lieblingsthema. Ich kenne jedoch nicht nur Klassiker, sondern verschlinge vor allem Abenteuer- und Kriminalromane. Besonders gerne lese ich Science-Fiction-Literatur. Aufgrund der Freude, die ich an Büchern habe, möchte ich mich bei Ihnen um einen Ausbildungsplatz als Buchhändler bewerben.
Nach meinem Abitur, ab Anfang März, könnte ich Ihnen als Auszubildender zur Verfügung stehen.

„Mit Eifer hab ich mich der Studien beflissen;
Zwar weiß ich viel, doch möchte ich alles wissen."
(600, Fausts Gehilfe Wagner in Faust I)

Es würde mir viel Spaß machen, Kunden freundlich und individuell zu beraten, einen Überblick auch über Sach- und Fachbücher zu gewinnen und mir notwendige Grundkenntnisse in Einkauf, Lagerhaltung und Kaufmännischem Rechnungswesen anzueignen.
Gerne würde ich mich bei Ihnen persönlich vorstellen – oder um es noch einmal mit Goethes Worten zu sagen:

„Ich bitt Euch, nehmt mich meiner an!
Ich komme mit allem guten Mut,
... und frischem Blut.
Meine Mutter wollte mich kaum entfernen;
Möchte gern was Rechts hieraußen lernen."
(1875, Ein Schüler in Faust I)

Mit freundlichem Gruß

Anlagen

Thorsten Gebauer

Beispiel 7: Redakteur Bereich Humor

Udo Göbel
Hermannstr. 46
76199 Karlsruhe
Tel. 07 21/77 40 24

28. Januar 1997

Felix Verlag GmbH
Personalwesen
Im Lauch 45

70619 Stuttgart

Ihre Stellenausschreibung „Redakteur für den Bereich Humor"
Handelsblatt, 21.01.1997

Sehr geehrte Damen und Herren,

anbei erhalten Sie meine Bewerbungsunterlagen. Ich habe gezögert, Ihnen eine Kopie meines Diploms beizulegen. Aber da ich annehme, dass sich noch nie ein „Diplom-Komponist" – das ist jemand, der Diplome komponiert – bei Ihnen beworben hat, habe ich's dennoch getan, denn Sie sollen beim Durchsehen der Bewerbungen auch einmal etwas zu lachen haben. Ansonsten fassen die Papiere die letzten 38 Jahre meines Lebens mit gebotenem Ernst zusammen.

Mein Interesse an Ihrem Stellenangebot basiert auf drei Gründen:
Erstens wohne ich in der Ehm-Welk-Straße und Ehm Welk hinterließ bekanntlich mit den „Heiden von Kummerow" einen Klassiker des humoristischen Genres.
Zweitens braucht mein Auto, um durch den bevorstehenden TÜV zu kommen, eine Reihe neuer Teile; diese Reparaturen sind nur finanzierbar, wenn ich wieder eine gut bezahlte Stellung antrete.
Drittens fühle ich mich prädestiniert, weil wir im Osten (wo ja, wie einige meinen, die qualifiziertesten und motiviertesten Mitarbeiter herkommen) in den letzten zehn Jahren wirklich viel Spaß verstehen mussten, wenn uns das Lachen nicht vergehen sollte.

Etwas oberhalb dieser drei existenziellen Grundtatsachen angesiedelt, habe ich ein paar Daten zusammengefasst, die Ihnen auf den ersten Blick die Einsicht erlauben, dass ich genau derjenige bin, der Ihnen gerade noch gefehlt hat. Man nennt das wohl jetzt:

Persönliches Kreativitätsprofil

Temperament:	Von 0 auf 100/km/h in 12.6 sec.
Veranlagung:	Multimedial – Musik: 5 Jahre Studium, 4 Jahre Hochschuldienst. Wissenschaft: 4 Jahre Humboldt-Universität. Literatur: Autor seit 16 Jahren (Zeitungen, Zeitschriften, Rundfunk, Lexika, 2 eigene Bücher), 4 Jahre Redakteur einer Literaturzeitschrift. Film: 4 Jahre Lektorat und Musikdramaturgie im Spielfilmstudio der DEFA Babelsberg. Kunst: Keine Ahnung. Verlage: 3 Jahre PR-Referent eines Buchverlages; ein Verlag nach der „Wende" mitbegründet.
Neigung:	35° Nordnordost. Typischer Alleinarbeiter, der das Team braucht, um produktiv zu bleiben. Kein Streithammel (außer wenn ein Fremder meinen Schreibtisch aufräumt), Konfliktfähigkeit durchschnittlich.
Kenntnisse:	Im Redigieren, Lektorieren, Promoten von Texten sowie Ablehnen unverlangt eingesandter Manuskripte; im Gewinnen, Überreden, Besänftigen, Vertrösten und Ermutigen von Autoren aller Temperamente; ferner in Herstellung und Einsatz von Werbemitteln.
Computer:	Textprogramme, Tabellenkalkulation, Datenbank unter DOS, WINDOWS und in Apple.
Handschrift:	Miserabel, aber lesbar.
Arbeitsweise:	Termintreu, aber in letzter Minute. Zeilengenau, aber genialisch. Kenne keinen aufgeräumten Schreibtisch, daher cholerische Suchreaktion (Anfälle dauern 3 – 5 Minuten).
Marotten:	Kaffeetrinker (12 – 16 Tassen tgl.) Unter Nichtrauchern Nichtraucher, unter Rauchern Gelegenheitsraucher. Schachspieler. Krümelmonster.
Gesundheit:	Alles dran bis auf den linken Schilddrüsenlappen (Strumektomie Nov. 93).
Ich mag:	Katzen, gut versteckte und wirklich witzige Druckfehler, Burgen und Schlösser, pointierte Geschichten, Falco, Wortwitz, knappe Rezensionen schreiben, Geld.
Ich mag nicht:	Bonsai-Bäumchen, offensichtliche Dreckfuhler, den TÜV, langatmiges pseudo-philosophisches Geschwafel, Doris-Day-Filme, Humorlosigkeit, Neujahrskarten schreiben, kein Geld.

Ich mag gar nicht: Aggressivität, Gewalt, Intoleranz, die Unfähigkeit zuzuhören.

Ich habe: 1 Frau. 1 Tochter (vierjährig). 1 kastrierten Kater. 1 Mietwohnung. 1 Computer. 1 Auto (Fiat Tips). Außerdem für die Weltbühne geschrieben, ein 3. Buchmanuskript fertig, mit über 200 Autoren (für TEMPERAMENTE) zusammengearbeitet, zahlreiche Autorenkontakte (auch Cabaret, Cleincunst, Comic). Überblick übers Verlagswesen (von Aufbau bis Zytglogge).

Ich habe nicht: Für ein öffentliches Amt kandidiert. Die 4 Bücher, die ich unbedingt noch schreiben will, geschrieben. Genug Zeit, um Zeit zu verlieren. Zu lachen verlernt.

Ich kann noch: Chorsätze schreiben, Partituren lesen, Baufinanzierungen erstellen, Orchester dirigieren, kyrillische Schrift entziffern, Kapitalanlagen vermitteln.

Ich will noch: 4 Bücher schreiben. Jede Menge andere Bücher auf den Weg bringen. Ein paar überflüssige Bücher verhindern. Autoren zum Erfolg verhelfen.

Ich suche: Eine Arbeit, die mir Spaß macht. Eine Arbeit, in die man den Spaß, den Arbeiten macht, einbringen kann. Eine Arbeit, die bei allem Spaß etwas einbringt.

Für eine persönliche Vorstellung stehe ich Ihnen jederzeit zur Verfügung. Der Beginn meiner Tätigkeit könnte frühestens am übernächsten Tag nach Ihrer Zusage erfolgen.

Neben den beigelegten Arbeitsproben geht per Büchersendung (also mit getrennter Post) auch noch ein Buch auf die Reise, für das ich als Herausgeber (und zur gutenHälfte als Autor) zeichnete. Es ist, wie immer Sie entscheiden, für Ihren Archivbestand gedacht.

Mit freundlichen Grüßen

Udo Göbel

Anlagen: (jede Menge)

Beispiel 8: Grafikerin

Sabine Zitzmann
Auf dem Sonnenborn 20
12047 Berlin
Tel. 0 30/4 34 33 20

15. Oktober 1997

Becher & Partner Medien GmbH
Singerstr. 44

12524 Berlin

Ihre Anzeige in der Berliner Morgenpost vom 12.10.1997

Sehr geehrte Damen und Herren,

es ist geschafft: Ich habe mein Examen in der Tasche. Nun möchte ich mit Mac und Marker aus Layouts Gestaltung machen.

Sie suchen:	GrafikerIn mit Mac-Kenntnissen
Ich biete:	Gutes Diplom (Note 1,2) Kenntnisse in Photoshop und Quark Erste Agenturerfahrung (Praktikum) Gute Ideen für starke Konzepte Sport- und Teamgeist Kühlen Kopf, auch wenn's mal hoch hergeht Fingerspitzengefühl im Umgang mit Kunden und Kollegen
Sie möchten:	Gute Werbung machen für gute Kunden
Ich möchte:	Mitmachen!

Wenn Sie meine Arbeitsproben überzeugen und wenn Sie Lust haben, eine solche Mitarbeiterin zu gewinnen: Anruf genügt. Auf ein Gespräch mit Ihnen freue ich mich.

Viele Grüße

Sabine Zitzmann

Anlagen

Beispiel 9: Sekretärin für eine Werbeagentur

Karin Tiedemann
Sternstr. 14
08371 Glauchau
Tel. 0 36 63/47 53

5. August 1997

Informa Werbeagentur
Dresdner Platz 29

09114 Chemnitz

Bewerbung als Sekretärin

Liebes Informa-Team,

als gelernte Fremdsprachensekretärin, 26 Jahre alt, habe ich das ABC gelernt:

A m Morgen: Anrufbeantworter abhören
B riefe sortieren
C omputer (Winword, Excel) bedienen
D rucker reparieren
E ssen bestellen
F reundlich Besucher empfangen
G ute Englischkenntnisse schriftlich und telefonisch anwenden
H armonische Atmosphäre verbreiten
I ntensiv arbeiten
J eden Kunden ernst nehmen
K urier bestellen
L ächelnd Papierberge abtragen
M itdenken und Initiative zeigen
N ie die Nerven verlieren
O rganisationstalent beweisen
P ost fertig machen
Q uittungen ausstellen
R eisekostenabrechnungen prüfen
S chriftlich Kunden betreuen
T ermine managen
U ngeduldige Anrufer vertrösten
V iel Kaffee kochen
W eiter Briefe schreiben
XY und **Z** um guten Schluss: Anrufbeantworter einschalten.

Kurz gesagt: Wenn Sie eine Sekretärin suchen, die ihren Charme und Humor auch im dicksten Stress nicht verliert, dann bin ich die Richtige für Sie!

Über eine positive Antwort freut sich

Anlagen

Karin Tiedemann

Beispiel 10: Buchhalter

Bernd Seiters
Seilgraben 5
52062 Aachen
Tel. 02 41/45 66 59

23. Oktober 1997

ELSTRA GmbH und Co. KG
Schildstr. 24

52074 Aachen

Ihre Anzeige in der Aachener Volkszeitung vom 17.10.1997

Sehr geehrte Damen und Herren,

Sie suchen einen Buchhalter für Ihre Verwaltung.

Ich bin 26 Jahre alt und verfüge über eine Ausbildung als Bankkaufmann und fünfjährige Berufserfahrung als Buchhalter in einem mittelständischen Unternehmen.

Sie erwarten Kenntnisse in der Finanzbuchhaltung.

Ich bin zur Zeit als Bilanzbuchhalter tätig. Mein Tätigkeitsfeld umfasst die Bereiche Kreditoren, Debitoren, Anlagevermögen, Bearbeitung zweifelhafter Forderungen, Erstellen von Auswertungen, Kontenpflege und Mitarbeit bei der Abschlusserstellung. EDV und PC helfen mir bei meiner Arbeit.

Sie wünschen sich eine kontaktfreudige, gewissenhafte Persönlichkeit.

Ich arbeite gerne im Team und nehme meine Aufgaben ernst.

Sie bieten ein interessantes und abwechslungsreiches Aufgabengebiet.

Ich bin sehr interessiert und freue mich über eine Einladung zu einem Vorstellungsgespräch.

Mit freundlichen Grüßen

Bernd Seiters

Anlagen

Beispiel 11: Blindbewerbung als Diplomkauffrau

Heike Lüdenscheid
Gärtnerstr. 36
27578 Bremerhaven
Tel. 04 71/48 46 22

5. Februar 1997

UNITERM GmbH & Co.
Personalabteilung
Elsa-Brändström-Str. 3

28357 Bremen

Bewerbung als Diplomkauffrau

Sehr geehrte Damen und Herren,

wenn ich Ihre Imageanzeige richtig deute, legen Sie nicht nur Wert auf fachliche, sondern auch auf menschliche Kompetenz. Das hat mich spontan so angesprochen, dass ich mich bei Ihnen bewerben möchte. Da ich nicht weiß, ob Sie überhaupt eine offene Stelle zu besetzen haben und Sie sicherlich ständig viele Bewerbungen lesen müssen, hier zunächst nur eine Kurzbeschreibung:

Ich bin	29 Jahre alt seit drei Monaten Diplomkauffrau offen für Neues und motiviert, meine Fähigkeiten endlich in der Praxis unter Beweis zu stellen
Mein Profil	Berufsausbildung als Bankkauffrau abgeschlossenes Studium der Betriebswirtschaft während des Studiums: dreimonatiges Praktikum im Vertrieb der Supra AG, Mannheim, seit zwei Jahren regelmäßige freie Mitarbeit in einer Promotionagentur
Ich suche	eine interessante und vielseitige Anfangsstellung, vorzugsweise im Bereich Marketing oder Vertrieb

Wenn Sie jetzt oder in Zukunft eine Möglichkeit für mich in Ihrem Unternehmen sehen, sende ich Ihnen gerne meine vollständigen Bewerbungsunterlagen zu. Auch zu einem Gespräch bin ich natürlich gerne bereit.

Herzliche Grüße

Anlagen

Heike Lüdenscheid

Beispiel 12: Blindbewerbung Produktmanagerin

Ich möchte Sie kennenlernen:

SABINE HÖLLERER

31 Jahre alt, Betriebswirtschaftstudium in Hamburg, Start 1990 als Trainee im Bereich Vertrieb. Anschließend: Verkaufsleitungsassistentin im Innendienst, dann seit 1994 Produktmanagerin bei einem namhaften Unternehmen der Lebensmittelindustrie. Weiteres: siehe Lebenslauf.

Gerne möchte ich meine beruflichen und persönlichen Ziele in einem engagierten Team verwirklichen. Darum bewerbe ich bei Ihnen für den Bereich Vertrieb/Marketing.

Es gibt vier Möglichkeiten, die ich in Betracht gezogen habe:

1. Sie können meine Bewerbung leider nicht berücksichtigen, weil sie die gewünschten Qualifikationen nicht erfüllt.

2. Sie haben in absehbarer Zeit sowieso keine offene Stelle zu besetzen und senden die Bewerbung zurück.

3. Sie halten meine Fähigkeiten für interessant und merken sich meine Bewerbung für eine eventuelle spätere Anstellung vor.

4. Sie fühlen sich von meiner unkomplizierten (dabei disziplinierten) Art angesprochen und laden mich zu einem Vorstellungsgespräch ein.

Ich bin gespannt, wie Sie sich entscheiden, und danke Ihnen für Ihre Aufmerksamkeit.

Freundlich grüßt Sie

Sabine Höllerer

Anlagen

matthias erdmann

ludwigstr. 11
46483 wesel
tel. 02 81/34 75 75

Planungsbüro Schlömer
Hinter dem Acker 12

47445 Moers

2. April 1997

Bewerbung als „Stadtplaner"

Sehr geehrtes Architektenteam,

such mal wieder, habe ich mir gesagt und las die Stellenanzeigen in der „Bauwelt" auf der Suche nach einer neuen, spannenden Herausforderung. Ihr Angebot ist mir sofort aufgefallen.

Was interessiert Sie nun wohl am meisten? Sicher wollen Sie zunächst wissen, wer ich bin und was ich derzeit mache.
Also gut: Seit drei Jahren arbeite ich als Stadtplaner bei einer Wohnungsbaugesellschaft in Viersen, wo ich in der technischen Abteilung für den Bereich Planung zuständig bin. Zu meinen Aufgaben gehört Flächenentwicklung durch Erarbeitung von Bebauungskonzepten, Abstimmung und Durchführung geeigneter Planverfahren ebenso wie die Planung im Bestand.

Warum ich mich gerade bei Ihnen bewerbe?
Ihr Angebot spricht mich erstens fachlich und zweitens persönlich an: Weil ich inzwischen im Beruf des Stadtplaners genug Plan von der Planung habe, um anspruchsvolle städtebauliche Aufgaben zu lösen. Und weil ich mir eine Tätigkeit in einem jungen, gut eingespielten Team wünsche, in dem auch viel Arbeit noch Spaß macht.

Jetzt fragen Sie vielleicht, was ich Ihnen sonst noch bieten kann.
Zum Beispiel Aufgeschlossenheit gegenüber Bürgern und Architekten, Freude an kreativer und eigenständiger Arbeit. Bei der Entwurfstätigkeit und der Entwicklung städtebaulicher Lösungen schätze ich Computer und Zeichenstift. Ich verfüge über Textverarbeitungs- und CAD-Kenntnisse, gute zeichnerische Fähigkeiten auch freihand.

Wann ich bei Ihnen anfangen könnte?
Wenn Sie sich noch in diesem Quartal für mich entscheiden, könnte ich Ihnen ab Anfang Juli zur Verfügung stehen.

Herzliche Grüße nach Moers

Anlagen

Matthias Erdmann

Stefan Rohleder
Brückstr. 5
56077 Koblenz
Tel. 02 61/89 56 38

22. August 1997

Ernst Baumaschinen GmbH
Herr Günter Rosenfelder
Wandhofener Str. 2

60596 Frankfurt am Main

Ihre Anzeige „Software-Ingenieur" in der FAZ vom 15.8.1997

Sehr geehrter Herr Rosenfelder,

Sie haben bestimmt schon 25 Bewerbungen gelesen und fragen sich jetzt: Warum sollte ich Herrn Rohleder einstellen? Ich möchte Ihnen fünf gute Gründe nennen:

1. Ich verfüge über einen Hochschulabschluss in der Fachrichtung Maschinenbau und eine vierjährige Berufserfahrung als Software-Ingenieur bei der Foneto KG, einem Hersteller von Spezialmaschinen für die Produktion von Plastikkarten.

2. In den Bereichen Netzwerke, Client/Server, VMEBus und Datenbanksyteme kenne ich mich daher gut aus. Mein Aufgabenbereich bestand bisher in der Realisierung von technischen Applikationen, basierend auf Multitaskingbetriebssystem (z.B. OS6/68), Programmiersprachen C/C++ und Assembler (68k).

3. Neben Realisation, Test und Einführung von Software zähle ich auch die Erstellung des Fachkonzepts und den DV-technischen Entwurf zu meinen Stärken.

4. Software-Engineering betrachte ich als Herausforderung, ich interessiere mich aber auch für die „andere Welt".

5. Ich arbeite gerne in einem jungen und dynamischen Team.

Ich bin sicher, dass ich Ihnen den Aufgaben entsprechende Interessen und Erfahrungen bieten kann. Wenn Sie diese Einschätzung teilen, freue ich mich über eine Einladung zu einem persönlichen Gespräch.

Mit freundlichen Grüßen

Anlagen

Stefan Rohleder

Beispiel 15: Maschinenbauingenieur

Christian Perkovic
Weckweg 36
69117 Heidelberg
Tel. 0 62 21/31 15 17

14. Mai 1997

Astra AG
Personalwesen
Postfach 20 40

74151 Neckarsulm

Ihre Anzeige in der Süddeutschen Zeitung vom 3.5.1997
„Entwicklungsingenieur/in Karosserie Mechanik"

Sehr geehrte Damen und Herren,

Sie suchen einen Ingenieur für die Entwicklung Ihres neuen Kleinwagens. Ihr Angebot spricht mich an, weil ich ein neues Anwendungsgebiet für meine Kreativität und Problemlösungsfähigkeiten in der technischen Entwicklung suche.

Damit Sie sich ein Bild machen können:

➔ Ich bin 37 Jahre alt und seit 7 Jahren als Dipl.-Ing. (Maschinenbau FH) tätig. Zur Zeit bin ich als Entwicklungsingenieur Projektmanagement in der Druckgussbranche beschäftigt (Aluminiumdruckgussteile und Kleinkompressoren).
➔ Ich verfüge über gute bis sehr gute Englischkenntnisse durch eine mehr als 2-jährige Projektarbeit in einem amerikanischen Konzern der Schnellverschlussbranche und bin erprobt im Umgang mit EDV (auch CAD-Systeme CADDS-4X und LOGO-CAD).
➔ Als Angestellter in einem modernen Betrieb ist mir ein ausgeprägtes Kostenbewusstsein bei meiner Arbeit schon seit Jahren selbstverständlich.

Auch das sollten Sie wissen:
➔ Sie suchen Ingenieure mit Erfahrung in der Automobilindustrie. Das kann ich Ihnen nicht bieten. Ich traue mir jedoch zu, fehlendes Know-how in kurzer Zeit aufzuarbeiten.
➔ Denn das dürfen Sie voraussetzen: Ich bin autobegeistert. Die Mitarbeit bei der Entwicklung eines neuen Fahrzeug-typs erscheint mir als besonders reizvolle Aufgabe.

Ich freue mich, von Ihnen zu hören, und bitte um eine vertrauliche Behandlung dieser Bewerbung.

Mit freundlichen Grüßen

Anlagen

Christian Perkovic

Amelie Grauhoff

Bahnhofstr. 12
36039 Fulda
Tel. 06 61/85 15 73

AST Holding GmbH
Frau Hartleb
Augustinerstr. 57

36040 Fulda

den 4. Juni 1997

Bewerbung als Sekretärin

Sehr geehrte Frau Hartleb,

Ihr Angebot in der Fuldaer Zeitung interessiert mich sehr. Ich erfülle nicht alle Anforderungen, die Sie nennen, aber die meisten, und was mir fehlt, kann ich in kurzer Zeit lernen. Bitte urteilen Sie selbst:

Kaufmännische Ausbildung: Nach meinem Realschulabschluss habe ich eine Lehre als Bürokauffrau bei der Hibernia AG in Würzburg abgeschlossen.

Sekretariatserfahrung: Seit zehn Jahren bin ich als Sekretärin tätig, seit fünf Jahren in der Rechtsanwaltsgesellschaft Liebermann & Partner. Ich bin daher mit allen üblichen Sekretariatsaufgaben vertraut. Büroorganisation, selbständiges Erledigen der Korrespondenz, Terminmanagement und die Pflege von Kundenkontakten gehören zu meinen derzeitigen Aufgaben.

PC-Kenntnisse: Ich beherrsche Word für Windows und Excel. Mit Power Point habe ich bisher noch nicht gearbeitet. Da ich aber PC-erfahren bin, traue ich mir ohne weiteres eine schnelle Einarbeitung zu.

Sprachkenntnisse: Sie wünschen sich eine Sekretärin mit sehr guten Englischkenntnissen. Ich spreche zwar – für einen Realschulabschluss – recht gut Englisch, doch ich weiß: Das reicht nicht, wenn ich in meinem Beruf weiterkommen möchte, und das möchte ich. Ich habe mich erkundigt: An der Dekra-Akademie werden ab kommenden Herbst wieder Abendkurse für „Wirtschaftsenglisch" angeboten. Ich bin bereits angemeldet.

Meine Tätigkeit bei Ihnen könnte ich am 1. August d.J. beginnen. Über eine Einladung zu einem persönlichen Gespräch würde ich mich sehr freuen.

Mit freundlichen Grüßen

Anlagen

Amelie Grauhoff

Beispiel 17: Aufnahmeleiter einer Fernsehproduktionsgesellschaft

Karsten Steinbeck
Neue Straße
15230 Frankfurt
Tel. 0 69/42 22 23

24. Juli 1997

Telestar GmbH
Hugo-Preuß-Str. 22

50935 Köln

Ihre Anzeige in der Frankfurter Allgemeinen Zeitung vom 15. Juli 1997

Sehr geehrte Damen und Herren,

Sie haben ganz konkrete Vorstellungen, wie Sie sich Ihren neuen Aufnahmeleiter vorstellen, aber kaum noch Hoffnung, dass es ihn gibt? Das lässt mich hoffen, dass ich der Richtige sein könnte.

Ich bin jemand, der

- seit drei Jahren als Aufnahmeleiter bei einer Hamburger Fernsehproduktionsgesellschaft mit dem Schwerpunkt Infotainment tätig ist, über gute Branchenkontakte verfügt und Workaholic ist,
- die Vorbereitung, Betreuung und Abwicklung von spritzig aufgearbeiteten Dokumentationen, Features und Reportagen für den einzigen Weg der Selbstverwirklichung hält,
- sich gerne auf Kunst und Kultur spezialisieren möchte, Köln liebt und daher dorthin zurückkehren will,
- zuverlässig mit Kosten und Timings umgeht und alle sieben Wochentage für gleichberechtigt hält,
- flexibel und belastbar ist, Organisationstalent und Durchsetzungsvermögen besitzt und auch einen gebügelten Anzug im Schrank hat.

Informationen über die von mir betreuten Projekte können Sie der Anlage entnehmen. Wenn Sie mich näher kennenlernen möchten, freue ich mich über eine Nachricht von Ihnen.

Mit freundlichen Grüßen aus Frankfurt

Karsten Steinbeck

Anlagen

Beispiel 18: Einkäufer „Umweltprodukte"

Jörg Ditfurth
Mariannenstr. 36
79206 Breisach
Tel. 0 76 67/3 47 45

Breisach, den 7. Oktober 1997

Pelikan Umweltprodukt GmbH
Herr Torsten Bachmann
Am Graben 15

79110 Freiburg

Bewerbung als Einkäufer „Umweltprodukte" (RP 15.8.1997)

Guten Tag Herr Bachmann,

also die Idee, als Einkäufer für Ihren Versandkatalog „Pelikan" tätig zu werden, finde ich sehr spannend. Für diese Aufgabe bringe ich

die notwendige fachliche Qualifikation
fünfjährige Berufserfahrung
kaufmännisches Denken
und eine ökologische Grundeinstellung

mit. Abitur, kaufmännische Ausbildung (Industriekaufmann), Sachbearbeiter sind die Stationen meines beruflichen Werdeganges. Ich arbeite jetzt seit zwei Jahren in der Einkaufsabteilung eines Unternehmens der Lebensmittelbranche.

Klar, ich beherrsche die kaufmännischen Grundlagen vom Mahnverfahren bis zur Preisverhandlung. Doch ich bin mir auch sicher, dass ich das erforderliche Gespür für Umweltprodukte und die entsprechende Zielgruppe besitze. Sagen wir's mal so: Ökologie ist mir wichtig, doch ich zähle mich nicht zur Gesundheitslatschenfraktion.

Ach und noch etwas: Von Sachen, die Laune machen, kann ich nie genug bekommen. Okay, manchmal nerve ich meine Kollegen mit meinem stetem Bedürfnis, alles gut und schnell zu erledigen. Andererseits bin ich fröhlich und hilfsbereit und passe gut in einTeam, in dem man sich gegenseitig unterstützt.

Na, habe ich Ihr Interesse geweckt? Dann freue ich mich, Sie persönlich kennenzulernen.

Herzliche Grüße

Anlagen

Jörg Ditfurth

Ein Märchen als Bewerbung? Warum nicht!

So viele Persönlichkeiten und Berufssparten, so viele Möglichkeiten gibt es, jeweils eine passende Bewerbung zu verfassen. Sie bestimmt den ersten Eindruck von dem Bewerber als eine Art Visitenkarte, die besonders dann ins Auge springt, wenn sie kreativ und fantasievoll gemacht ist. Ein Personalchef einer großen Firma hat einmal gefordert: „Ein Anschreiben soll spannend sein wie ein Krimi." Die Beispiele, die in diesem Kapitel vorgestellt werden, halten diesem Anspruch stand. Ein Märchen als Bewerbung ist dabei nur eine der verblüffenden Möglichkeiten.
Fantasie ist das Zauberwort. Anregung und Inspirationsquelle für eine unkonventionelle Bewerbung kann jede schriftliche Darstellungsform sein. Möglich sind beispielsweise Bewerbungen in Form eines Fragebogens, Werbetextes oder einer Tabelle. Gute Erfahrungen haben Stellungssuchende auch schon mit der Detektivbewerbung gemacht. Die Ergebnisse sind überraschend und in den meisten Fällen auch überzeugend. Denkbar ist vieles, unter anderem könnte das Anschreiben auch auf folgenden Text- und Stilformen aufbauen:

- Angebot
- Interview
- Rezept/Speisekarte
- Rätsel/Kreuzworträtsel
- Tagebuch
- Fragebogen
- Comic
- Ansprache/Rede
- Formular
- Gebrauchsanweisung

Fallen Ihnen noch weitere Variationen ein, die sich für ein Anschreiben in Ihrem Beruf besonders eignen? Vielleicht enthält die Stellenanzeige des Unternehmens, bei dem Sie sich vorstellen möchten, einen Hinweis, der Sie zu einer ungewöhnlichen Bewerbung inspiriert? Denn ob Ihr Brief zündend wirkt, hängt nicht zuletzt von der geschickten Wahl der Darstellungsform ab. Wenn sich ein Sachbearbeiter in Form eines kaufmännischen Angebotes oder ein Journalist mit einem fiktiven Interview bewirbt, ist das nicht nur originell, sondern auch passend. Der Bewerbungsbrief erhält dann die Bedeutung einer Arbeitsprobe. Eher abzuraten ist von krampfhafter Originalität. Ans Dichten sollte sich nur wagen, wer es gut kann. Auch ein Comic ist nur für Könner wirklich empfehlenswert. Betrachten Sie die folgenden Ideen als Fundus. Daraus können Sie sich die passende Idee zu dem individuellen Anschreiben heraussuchen, mit dem Sie sich präsentieren und vorstellen möchten.

Neben einer gehörigen Portion kreativer Energie erfordert eine solche Bewerbung auch Mut. Denn Sie können natürlich nicht wissen, wie der Empfänger auf diese Art der Bewerbung reagiert. Ihrem Fingerspitzengefühl bleibt es überlassen, ob Sie glauben, ihm solch ein ungewöhnliches Anschreiben „zumuten" zu können. Die Erfahrung zeigt, dass originelle Bewerbungen in innovativen Unternehmen und in kreativen Berufssparten meistens positiv bewertet werden. Auch in konservativen Firmen können Sie damit einen Überraschungserfolg erzielen. Vorhersagen lässt sich das mit Gewissheit nicht. Sie müssen also bereit sein, das Risiko einer Absage auf sich zu nehmen. Aber andersherum gefragt: Gehen Sie dieses Risiko nicht immer ein?

Wer sich entschieden hat, seine Bewerbung weit abseits ausgetretener Pfade zu gestalten, wird hier fündig. Und eines ist sicher: Die meisten Unternehmen werden eine solche Bewerbung zumindest als unterhaltsame Abwechslung bewerten. Wenn der Personalchef nicht gleich die Rezept- oder Fragebogenbewerbung aussortiert, weil er originelle Bewerbungen grundsätzlich ablehnt, wird er ihr überdurchschnittlich viel Aufmerksamkeit schenken. Voraussetzung für den Erfolg ist natürlich, dass das Anschreiben nicht nur ungewöhnlich, sondern auch gekonnt verfasst ist. Der Personalchef muss am Ende trotzdem genau über Sie als Bewerber im Bilde sein.

Das sollten Sie bedenken, damit Ihre Bewerbung Aussicht auf Erfolg hat:

- **Vollständigkeit beachten:** Nicht nur die Form ist wichtig. Vergessen Sie nicht, dass Ihre Bewerbung dennoch alle notwendigen Informationen enthalten muss, die der Empfänger benötigt, um Ihre Eignung einzuschätzen. Ein Anschreiben ist in erster Linie ein Text für einen Leser, der die relevanten Fakten erfahren möchte. Nur aus dieser Basis heraus schaffen Sie einen gesicherten Sockel für die kreative Verfremdung, die letztlich nur schmückendes Beiwerk ist.

- **Sorgfältig vorbereiten:** Bevor Sie ans kreative Werk gehen, lohnt es sich, eine grundsätzliche Überlegung anzustellen: Was machen die Verfasser der folgenden Musterbriefe anders? Sie wenden sich konsequent von dem konventionellen Bewerbungsmuster ab und ersetzen es durch ein anderes Muster. Es ist sinnvoll, als Vorbereitung ein solches Muster zu Hilfe zu nehmen. Beispiele finden Sie überall in Zeitschriften, Zeitungen und Büchern. Suchen Sie sich beispielsweise ein Interview, ein Märchen, eine Werbung heraus. Betrachten Sie kritisch, wie die Texte gemacht sind, damit Sie sie möglichst treffend nachempfinden.
- **Wortschatz anpassen:** Wenn Sie entschieden haben, in welchem Stil Sie Ihr Anschreiben verfassen wollen, geht es an die praktische Arbeit. Damit Ihr Bewerbungsbrief überzeugend wirkt, ist es wichtig, dass Sie das Muster durchhalten. Nehmen Sie dazu Anleihen aus dem passenden Vokabular und greifen Sie gezielt den typischen Wortschatz auf. Eine Märchenbewerbung sollte sich anderer Worte bedienen als eine Detektivbewerbung. Je mehr Sie daraus machen, desto wirkungsvoller wird Ihr Anschreiben. Achten Sie jedoch darauf, dass der Text nicht zu künstlich klingt oder unfreiwillig komisch wirkt.
- **Würden Sie sich einstellen?** Bevor Sie die Bewerbung abschicken, versetzten Sie sich noch einmal in die Lage des Empfängers. Prüfen Sie mit den Augen Ihres neuen Arbeitgebers, ob Sie sich selbst auf Grund dieser Bewerbung einstellen würden. Können Sie das mit Ja beantworten, haben Sie getan, was sie tun konnten.

Die folgenden Ausführungen können Ihnen Anregungen geben, wie sich einige dieser ungewöhnlichen Möglichkeiten für eine Bewerbung nutzen lassen:

Interview- und Fragebogenbewerbung

Die Gestaltung eines fiktiven Interviews ist eine gute Alternative zu den formalisierten Bewerbungsschreiben. Fragen und Antworten sollen die gewünschten Informationen enthalten. Versetzen Sie sich in die Lage des Empfängers und überlegen Sie, welche Fragen Sie an seiner Stelle hätten. Dies ist gleichzeitig eine gute Methode zur Selbstdisziplinierung. Sie geraten gar nicht erst in Versuchung, sich lang und breit über Qualifikationen und Lebensstationen auszulassen. Das Frage-Antwort-Modell gibt Ihnen den Aufbau Ihres Schreibens klar vor. Mit wenigen Zeilen können Sie auf diese Weise gezielt Interesse wecken.
Ein weiterer Vorteil: Die Interview- oder Fragebogenbewerbung lässt sich optisch attraktiv umsetzen. Sie können die Interviewpartner beziehungsweise die Fragen in Versalien oder fett schreiben und vielleicht lassen Sie sich auch noch – wie in einem Zeitungsinterview – eine pfiffige Überschrift einfallen.
➔ Beispiele 1, 2, 3

Angebotsbewerbung

Diese Darstellungsform lässt sich vorrangig für Bewerbungen denken, die in irgendeiner Form mit Verkaufen zu tun haben, egal ob Sie sich als Verkäufer eines Autohauses oder als neuer Vertriebsmitarbeiter eines Sockenherstellers bewerben wollen. Im kaufmännischen Schriftverkehr wird ein Angebot definiert als Willenserklärung des Anbieters, einer anderen Person eine Ware oder Dienstleistung zu bestimmten Bedingungen zu überlassen. Dieses Muster lässt sich relativ leicht und überzeugend auf das Anschreiben einer Bewerbung übertragen: Verkaufen Sie Ihrem potentiellen Arbeitgeber Ihre Arbeitskraft. Überlegen Sie, was Sie anzubieten haben, welchen Nutzen Sie dem Unternehmen bringen können und schließlich mit welcher „Lieferfrist" und zu welchem Preis Sie zu haben sind. Ihr Text sollte den Anforderungen und Erwartungen des Empfängers entsprechen und positive Besonderheiten, etwa zusätzliche Qualifikationen, nennen. Gelungen ist Ihr „Angebot", wenn es das ausstrahlt, womit Sie auch für sich werben wollen: Sachkenntnis, Zuverlässigkeit und Sympathie.
➔ Beispiel 4

Werbetrommelbewerbung

Jedes Bewerbungsschreiben ist in gewissem Sinne auch ein Werbetext. Diesen Umstand können Sie sich zunutze machen. Stellen Sie sich vor, Sie werben für Ihre Arbeitskraft: Sie möchten dem Empfänger Ihre Kenntnisse und Erfahrungen empfehlen. Dazu müssen Sie überzeugend darstellen, dass das Unternehmen davon profitiert, wenn es Sie einstellt. Über diesen Nutzen muss der Werbetext humorvoll oder sachlich, immer jedoch klar verständlich, kurz und präzise informieren. Kleine Übertreibungen sind in der Werbung erlaubt. Man erwartet schließlich, dass das Positive besonders betont wird. Um sich die Aufmerksamkeit des Lesers zu sichern, bedienen sich professionelle Werbestrategen dazu eines einfachen Prinzips: Sie sprechen nicht über sich selbst, sondern über die Vorteile des Lesers. So können Sie auch Ihr Anschreiben formulieren. Rühren Sie die Werbetrommel. Aber hüten Sie sich vor übersteigerten Versprechungen und Unaufrichtigkeiten, denn spätestens im Bewerbungsgespräch werden Sie Farbe bekennen müssen.

➔ Beispiele 5, 6

Tabellen- oder Formularbewerbung

Warum verwenden oder besser noch erfinden Sie nicht einfach einmal ein Formular für Ihr Bewerbungsschreiben? Oder eine Tabelle. Schon die ungewöhnliche Optik und der Neuheitseffekt sind ein Pluspunkt dieser Darstellungsform. Sie sichern Ihnen bereits die erhöhte Aufmerksamkeit des Empfängers. Gleichzeitig folgen Sie damit dem modernen Trend, alles so knapp und griffig zu präsentieren wie nur möglich. Bei der heutigen Informationsflut kommen Sie dem Personalchef entgegen, indem Sie ihm das Lesen eines langen Schreibens ersparen.

Es ist gar nicht so schwierig, die aussagefähigen Informationen mit Hilfe einer Tabelle oder eines selbst entwickelten Formulars in eine überschaubare Form zu bringen. Wichtig ist, sich einige zentrale Oberpunkte oder Ordnungskriterien zu überlegen und diese klar und anschaulich auf dem Anschreiben zu präsentieren. Denn das ist natürlich oberstes Gebot: Tabelle oder Formular müssen übersichtlich, sinnvoll und schnell zu erfassen sein.

➔ Beispiele 7, 8

Märchenbewerbung

Erzählen Sie gerne Geschichten oder müssen Sie vielleicht beruflich oft Geschichten erfinden oder beurteilen, beispielsweise als Journalist oder Kinderbuchredakteur? Oder haben Sie als Erzieherin oder Kinderkrankenschwester viel mit Kindern zu tun? Dann wäre eine Geschichte oder ein Märchen eine passende Möglichkeit für Ihr Anschreiben. Es bietet sich auch an, Ihren Werdegang in Form einer Geschichte oder eines Märchens zu beschreiben. Auf diese Weise können Sie dem Empfänger in unterhaltsamer Form alles Wissenswerte über Ihre Person vermitteln und ihm gleichzeitig Ihr erzählerisches Talent zeigen. Achten Sie darauf, dass Ihre Geschichte nicht zu weitschweifig gerät. Auch für diese Form der Bewerbung gilt der Grundsatz: Kurz fassen. Ihre Geschichte sollte nicht mehr als höchstens eineinhalb Seiten umfassen.

➔ Beispiele 9, 10

Rezeptbewerbung

Die Rezeptbewerbung ist eine interessante Variante, um dem Leser Ihre Qualifikationen „schmackhaft" zu machen. Für ein solches Anschreiben können Speisekarten, Kochanleitungen oder Texte rund um Küche und Kochen Anregung bieten. Stellen Sie sich beispielsweise ein Restaurant vor, das in einem Schreiben Geschäftskunden umwerben will, und gestalten Sie Ihr Anschreiben als Appetizer. Ein Auszug aus der Speisekarte, ein verlockendes Angebot für ein Menü oder eine reichhaltige Zutatenliste könnten ein solches Anschreiben gliedern. Wenn dem Personalchef beim Gedanken an Ihre Einstellung so richtig das Wasser im Munde zusammenläuft, hätten Sie mit dem Text Ihr Ziel erreicht.

➔ Beispiel 11

Zeitungsbewerbung

Eine gute Idee für Journalisten und PR-Leute: Gestalten Sie Ihre Bewerbung in Form einer Zeitungsseite: mit ansprechendem Layout, einer aussagekräftigen Headline und einem Text, der dem Leser einen Überblick über Ihre beruflichen Qualifikationen gibt und Ihre journalistische Ader erkennen lässt. Als Gestaltungselemente bieten sich beispielsweise ein Foto (das Sie in Aktion zeigt) und ein Kasten mit den Daten Ihres Lebenslaufs oder Ihren Qualifikationen an.

Tagebuchbewerbung
Die Tagebuchbewerbung stellt die persönliche Sichtweise des Schreibenden in den Vordergrund: Schildern Sie in Form chronologisch aufeinanderfolgender Aufzeichnungen, was sie dazu bewogen hat, dass Sie sich um die Stelle bewerben. Achten Sie darauf, dass die Einträge für den Leser nachvollziehbar aufeinander aufbauen und ihm die notwendigen Informationen bieten, die er benötigt, um Ihre Eignung als neuer Mitarbeiter einzuschätzen. Es gilt die Grundregel: In der Kürze liegt die Würze.
➔ Beispiel 12

Detektivbewerbung
Ein Anschreiben im Stil einer Detektei ist eine spannende Alternative. Versetzen Sie sich in die Lage eines Detektivs, der dem Empfänger – natürlich streng vertraulich – wissenswerte Einzelheiten über den Bewerber mitteilt. Die Detektivbewerbung wirkt besonders originell. Sie erfordert aber auch viel Fantasie – von Ihnen und dem Leser Ihrer Bewerbung. Er muss bereit sein, sich auf das angebotene Spiel einzulassen. Insbesondere ein Arbeitgeber, der besonderen Wert auf den Ideenreichtum des neuen Mitarbeiters legt, könnte ein solches Anschreiben als kreativen Einfall bewerten.
➔ Beispiel 13

Sträflingsbewerbung
Eine überzeugende Bewerbung ist besonders wichtig, wenn man gerade erst aus dem Studium „auf Bewährung entlassen" ist. Auf diesem Wortspiel basierte die Idee eines Düsseldorfer Grafikers auf der Suche nach einer Anfangsstellung: Er stellte seine Unterlagen detailgetreu in Form einer Strafakte zusammen und heftete sie in einen mit Namen und Aktenzeichen beschrifteten Hängeordner. Die erstaunten Empfänger lasen als erstes einen obenauf gehefteten handgeschriebenen Zettel: „An den Bewährungshelfer: Versuch mal für diesen Fall 'nen Job zu finden! Kann auch als Freier sein." Kernstück der Akte war ein übersichtlich gegliederter, selbst gestalteter Personalbogen, der neben den für die Bewerbung relevanten Informationen auch Fingerabdrücke und „Verbrecherfotos" von vorne und im Profil enthielt. Was die Empfänger an dieser Bewerbung überzeugte, war die detailgenaue und fantasievolle Ausführung der Idee: Stempelaufdrucke wie „Streng vertraulich" und „Erledigt" fehlten ebensowenig wie der akten-

typische Kaffeefleck und handschriftlich korrigierte Tippfehler. Die Resonanz war gut. Der erste Rückruf ging schon zwei Stunden nach Abgabe der Bewerbung ein: „Guten Tag, hier ist Ihr Bewährungshelfer von der Agentur ...". Von einer anderen Werbeagentur bekam der Bewerber eine Einladung zu einem Vorstellungstermin, die ebenfalls das angebotene Häftlings-Gesellschaftsspiel weiterführte. Unter anderem hieß es dort: „Unser Haus hat es sich zur Aufgabe gemacht, gestrauchelten Mitgliedern der Gesellschaft eine Resozialisierung zu ermöglichen. Wir möchten Sie daher zu einem Vorstellungstermin einladen."

Ob sich eine Bewerbungsakte auch in anderen Situationen oder anderen Branchen sinnvoll einsetzen lässt, bleibt Ihrer Fantasie überlassen. Einige Anregungen: Falls Sie kein Studienabgänger sind, aber dennoch von dieser Idee Gebrauch machen möchten, könnten Sie beispielsweise eine Detektivbewerbung zu einer ganzen Akte vervollständigen. Denkbar wäre auch eine Bewerbungsakte, die einen kaufmännischen Vorgang nachvollzieht, beispielsweise mit Lieferschein (für die Anlagen Ihrer Bewerbung), einem Anschreiben in Form eines Angebotes, einer Produktbeschreibung, Aktennotizen ...

➔ Beispiel 14

Gebrauchsanweisungsbewerbung

Auch das Muster einer Gebrauchsanweisung lässt sich für eine originelle Bewerbung verwenden. Als Inspirationsquelle für Stil und Struktur eines solchen Anschreibens können Beilagezettel von Medikamenten Pate stehen. Unter den Oberbegriffen „Anwendungsgebiet", „Darreichungsform", „Wirkungsweise", „Nebenwirkungen" lassen sich alle für die Bewerbung relevanten Fakten kreativ formulieren. Wenn das Ergebnis gelungen ist, wirkt es unterhaltend und witzig, dabei gleichzeitig informativ. Auch hier gilt: Ob eine solche Bewerbung positiv bewertet wird, hängt davon ab, ob der Empfänger Pfiffigkeit zu schätzen weiß.

➔ Beispiel 15

Beispiel 1: Pressereferentin in einem Industrieunternehmen

Dagmar Moore
Adalbertstr. 35
24109 Kiel
Tel. 04 31/57 84 66

26. September 1997

Wiemer GmbH
Personalabteilung
New-York-Ring 289

22297 Hamburg

„Das Bild von einem Unternehmen in der Öffentlichkeit beeinflusst entscheidend dessen Erfolg."

Interview mit der PR-Redakteurin Dagmar Moore

WIEMER: Sie bewerben sich bei uns als PR-Referentin. Was reizt Sie an dieser Position?

MOORE: Bei meiner derzeitigen Arbeit als Redakteurin einer Werkszeitung bin ich auf das Printmedium festgelegt. Die Arbeit als PR-Referentin bietet ein wesentlich vielseitigeres Spektrum an Tätigkeiten. Ich meine zum Beispiel konzeptionelle und organisatorische Aufgaben, wie die Durchführung von Pressekonferenzen oder die Produktion von Informationsmitteln.

WIEMER: Haben Sie denn in diesen Bereichen schon Erfahrung?

MOORE: Während meines Journalistikstudiums habe ich sechs Monate als Werkstudentin in der Öffentlichkeitsarbeit der Provinzial Versicherung mitgearbeitet und u.a. bei Messevorbereitungen und der Konzeption einer Imagebroschüre mitgewirkt.

WIEMER: Wir gehen davon aus, dass Sie redaktionelle Tätigkeiten wie Recherche, Bearbeiten und Verfassen von Texten beherrschen?

MOORE: Sie dürfen erwarten, dass ich sicher und präzise schreibe und redigiere, selbst wenn die Zeit mal drängt. Ich möchte noch hinzufügen, dass ich über gute Englischkenntnisse verfüge, die ich in speziellen Kursen für Wirtschaftsenglisch noch erweitert habe.

WIEMER: Dürfen wir Sie noch um eine abschließende Einschätzung der PR bitten?

MOORE: Neben der klassischen Presse- und Informationsarbeit heißt PR, das Unternehmen immer wieder durch einfallsreiche Aktionen in der Öffentlichkeit zu präsentieren. Eine verantwortungsvolle und interessante Tätigkeit, denn das Bild von einem Unternehmen in der Öffentlichkeit beeinflusst entscheidend dessen Erfolg.

WIEMER: Vielen Dank für das Gespräch.

MOORE: Vielen Dank für Ihre Aufmerksamkeit.

Dagmar Moore

Beispiel 2: Mitarbeiter Organisation

Christian Friederichs
Grafenberger Str. 68
60440 Frankfurt
Tel: 0 69/3 48 58 34

14. September 1997

Behring GmbH & Co.
Personalabteilung
Ben-Gurion-Ring 174

60437 Frankfurt/Main

Ihre Anzeige in der FAZ vom 9.9.1997

Sehr geehrte Damen und Herren,

um die ausgeschriebene Position als „Mitarbeiter Organisation" bewerbe ich mich. Sicher haben Sie einige Fragen, damit Sie meine Eignung beurteilen können. Fragen Sie!

? *Warum interessiert Sie die ausgeschriebene Position?*

! Ich sehe in der beschriebenen Aufgabenstellung eine konsequente Fortsetzung meines bisherigen beruflichen Werdeganges. Mein betriebswirtschaftliches Studium und die zweijährige Praxiserfahrung als Betriebswirt im Organisationsbereich EDV bei der Sparkasse Mainz bieten gute Voraussetzungen für einen Start in Ihrem Haus.

? *Kennen Sie sich aus mit den Haken und Ösen der Betriebsorganisation?*

! Ich habe eine konkrete Vorstellung davon, wie man Betriebs- und Fertigungsabläufe auf eine hohe Effizienz trimmt und weiß, wie man moderne Organisationsansätze in die Praxis umsetzt.

? *Was sind Ihre derzeitigen Aufgaben?*

! Ich analysiere die Betriebsstrukturen und -abläufe und entwickle hierfür – zusammen mit den Anwendern – neue Optimierungskonzepte und setze diese in entsprechende Software-Applikationen um. Ich prüfe und beurteile neue Techniken, Arbeitsverfahren und Organisationsmittel.

? *Unser neuer Mitarbeiter soll Durchsetzungsvermögen und Gewandtheit im Umgang mit Menschen mitbringen. Wie schätzen Sie sich ein?*

! Mir ist bewusst, dass bei der Umsetzung von Organisationsstrukturen immer auch die Bedürfnisse der Betriebsstellen eine wesentliche Rolle spielen. Das nötige Einfühlungsvermögen bringe ich mit, ohne jedoch dabei das Ziel einer effizienten Organisation aus dem Auge zu verlieren.

Gerne beantworte ich weitere Fragen in einem persönlichen Gespräch. Ich danke Ihnen für Ihre Aufmerksamkeit.

Mit freundlichen Grüßen

Anlagen

Christian Friederichs

FRAGEBOGEN

Dagmar Hausmann
Bewerberin als Mitarbeiterin
Kultur/Rock/Pop

Die Musikszene kennt sie von beiden Seiten, vor und hinter dem Mikrophon. Nach einer Gesangsausbildung an der Staatlichen Musikschule in Berlin/DDR war Dagmar Hausmann jahrelang auf nahezu allen Bühnen, die der Osten Deutschlands zu bieten hatte, lautstark und gefühlvoll zu hören. 1992 wurde die Mutter von „zwei bis vier" Kindern (zwei aus der ersten Ehe ihres Mannes) in München sesshaft, arbeitete zunächst im Kleinkunstcafé „Hörmal", danach als Sachbearbeiterin Werbung. 1994 wechselte sie als Kulturreferentin zu der Festival-, Veranstaltungs- und Management GmbH, München, wo sie u.a. die Organisation der JAZZ OPEN '96 verantwortlich betreute.

Wann ist eine Kulturveranstaltung eine gute Veranstaltung? *Die richtigen Interpreten zum richtigen Zeitpunkt am richtigen Ort. Das ist das Kunststück. Wenn es gelingt, läuft alles wie von selbst.*

Ohne was kommt man als Kulturreferentin nicht aus? *Intuition, Fingerspitzengefühl im Umgang mit Künstlern, Fantasie und Emotion.*

Welche regelmäßig stattfindende Kulturveranstaltung schätzen Sie besonders? *Das Dixieland-Festival in Dresden.*

Welche Musik hören Sie gerade? *Eva Maria Hagen: „Wenn ich erstmal losleg ...", Curtis Mayfield: „New World Order" und abends zur Entspannung Dmitrij Schostakowitsch: „The Dance Album."*

Was ist Ihre Stärke? *Organisationstalent, glaube ich. Fragen Sie meinen Mann!*

Welche Schwäche bekämpfen Sie? *Bei italienischen Gerichten und Süßigkeiten werde ich leider immer wieder schwach.*

Welche Fremdsprachen beherrschen Sie? *Englisch (zu wenig), Russisch (zu viel), Latein (schulbedingt).*

Ihr liebstes Hobby? *Musik hören, Sammeln von alten Büchern, Reisen in exotische Länder.*

Ihr Motto? *Ohne Visionen gibt es keinen Erfolg.*

Dagmar Hausmann

Beispiel 4: Redakteur für ein Computermagazin

Rainer Holbein
Piusstr. 22
90451 Nürnberg
Tel. 09 11/57 40 45

7. August 1997

PC-Magazin
Frau Ullrich-Hoffmann
Saalburgstr. 102

81370 München

Bewerbung als Redakteur

Sehr geehrte Frau Ullrich-Hoffmann,

Sie suchen einen qualifizierten Mitarbeiter mit soliden Kenntnissen in Computertechnik. Ihnen kann geholfen werden! Bitte beachten Sie die folgende günstige Gelegenheit:

REDAKTEUR
AUSFÜHRUNG „FIT IN BITS UND BYTES"

HARDWARE
25 Jahre incl. Abitur und Volontariat
Redakteur bei regionaler Abo-Zeitung
DTP-fähig
umfangreiches Computer-Know-how

SOFTWARE
Version „XL Computerfreak"
flotte Schreibe und gewinnendes Auftreten
große Leistungsfähigkeit
kompatibel zur Computerpresse
100 % Pep und Power

Fertig formatiert mit Qualitätsgarantie erhältlich ab 1. Oktober 1997.

Wenn Sie an einer Vernetzung interessiert sind, wählen Sie einfach die Bestell-Hotline 02 73/ 28 59 77 oder schicken Sie ihm eine E-Mail. Die Mailbox steht offen unter rainer@holbein.com

Mit freundlichen Grüßen

Anlagen

Rainer Holbein

Beispiel 5: Auszubildende für den Beruf der Werbekauffrau

Achtung, dies ist eine BeWerbung!

(aber nicht irgendeine)

Sehr geehrte Damen und Herren,

Stellen Sie sich zur Zeit wieder einmal die Frage:

„Wen sollen wir in unser Team als Auszubildende für den Beruf der Werbekauffrau aufnehmen?"

Da haben Sie aber Glück, dass Sie gerade diese Bewerbung in Ihrer Hand halten. Auch wenn Sie sich nicht gerade mit dieser Frage beschäftigen: Lesen Sie ruhig weiter, denn ich möchte Ihnen ein neues Produkt mit Namen „Christiane Rüter" vorstellen.

„Christiane" hat im Sommer 1997 das Gütesiegel Abitur erhalten. Nach dreizehn prägenden Schuljahren bin ich stolz, sagen zu dürfen, dass das Produkt reif ist für den Einsatz in der „harten" Berufswelt. Letzte Produktionsfehler der Firma „Schule" werden in den nächsten Monaten aufgearbeitet. So hoffe ich nach einem dreimonatigen Amerikaaufenthalt den Schwachpunkt „Englisch" aus dem Problemfeld von „Christiane" streichen zu können.

Das Produkt wurde erst relativ spät auf den Einsatz als Werbekauffrau ausgerichtet. Hierbei ist es wichtig zu erwähnen, dass „Christiane" die Eigenschaften Fantasie, Zuverlässigkeit und Motivation besitzt und somit die besten Voraussetzungen für diesen Verwendungszweck mitbringt. Das Produkt ist sehr bedienerfreundlich, so dass Kollegen und Kunden damit gut zurechtkommen dürften. Natürlich wurde „Christiane" mit dem Berufsbild der Werbekauffrau konfrontiert, um einen eventuellen Fehleinsatz auszuschließen.

Zusammenfassend gesagt: „Christiane Rüter" könnte eine Bereicherung für Ihr Team sein.

Weitere Informationen über die Qualifikation und die Sozialisation können Sie dem Abiturzeugnis und dem sogenannten Lebenslauf entnehmen.

Ich hoffe, Ihr Interesse geweckt zu haben. Dann wäre es für „Christiane" ein Vergnügen, sich in einem persönlichen Gespräch vorzustellen. (Das ist Ihre Gelegenheit festzustellen, dass hinter dem Produkt auch ein Mensch steht)

Mit freundlichen Grüßen

Christiane Rüter

Beispiel 6: Bewerbung eines Grafikers um einen Praktikumsplatz

SPEZIALANGEBOT NR: 37621943

steeger technologie©

#40217/1# P 40000 DEP: 04/T: 40 D
000011

Düsseldorf, den 18.07.1995

RSCG, Butter, Rang GmbH
z.H. Herrn Wolfgang Jean Imlau
Uerdinger Strasse 5
40474 Düsseldorf

Sehr geehrte Damen und Herren, liebe Kreative,

Sie alle kennen das Problem gerade in der heutigen Zeit QUALIFIZIERTES, ENGAGIERTES UND KOMPETENTES FACHPERSONAL zu finden. Gerade in den Sommermonaten dünnt das Stammpersonal zu Urlaubszwecken stark aus und hinterläßt am Arbeitsplatz ernüchternde Leere. Halbfertige Jobs warten auf ihre Erledigung, kreative Ideen kommen nicht in die Gänge und verkommen ungenutzt, ja es soll sogar Fälle geben, wo niemand mehr ans Telefon geht!

Doch all diese Probleme können jetzt mit einem Schlage gelöst werden! Engagieren Sie sich noch heute den neuen [redacted] für Ihr ganz persönliches Sommerloch und, wenn Sie wollen, auch darüberhinaus (2-3 Tage die Woche).
Mit dem neuen [redacted] werden Sie schon bald erleben wie einfach alles im Leben sein kann. Alles erledigt sich mit ihm wie von selbst! Kein langwieriges Vorbereiten der Arbeitsfläche, kein lästiges Nacharbeiten: Einfach anrufen, nachwischen und fertig! Auch ihre Freunde und Kollegen werden begeistert sein, wie einfach Ihnen plötzlich alles von der Hand geht und sogar Sie selbst sehen wieder besser aus.

b.w.

ACHTUNG: JETZT MIT „RUND UM DIE UHR SERVICE" I ANRUFEN UND BESTELLEN 0211/373486 **ACHTUNG:** JETZT MIT „RUND UM DIE UHR SERVIC

Für unglaubliche [redacted],- DM monatlich erhalten Sie jetzt Ergebnisse, die Sie bisher nie für möglich gehalten haben! Rufen Sie noch heute an unter 0211-373486, oder bestellen Sie ganz einfach per beiliegender Antwortkarte bequem und unverbindlich den neuen [redacted] zur Ansicht. Kein Kaufzwang! Sie haben volles Rückgaberecht, wenn ihnen der [redacted] nicht zusagen sollte.
Zu diesem Zweck liegt für Sie die Original [redacted]-ZURÜCK GARANTIE bei!.

SIE ERWERBEN BEWÄHRTE QUALITÄT:

Der [redacted] hat sich schon in vielen Bereichen bestens bewährt. Er setzt sich bereits erfolgreich in einer Düsseldorfer Agentur ein und leistet auch in einem Kölner Design-Büro Unglaubliches.

Renate Ö. aus L. „Ich wüßte heute nicht mehr, wie ich ohne ihn klarkommen sollte."

Walter S. aus F. „Seit ich mit dem [redacted] arbeite, muß ich mich viel weniger anstrengen und auch mit dem Essen klappt's wieder. Ich bin heute ein glücklicher Mensch."

Nun, sind Sie immer noch nicht überzeugt? Na, dann sollten Sie sich vielleicht unsere einmalige Sommer-Sonderaktion genauer anschauen, denn die hat es in sich. Und für alle, die dann noch immer skeptisch sein sollten, bieten wir Ihnen GRATIS ein ORIGINAL AKTIONS-POSTER!
Bedenken Sie jedoch eines: Wir wollen Sie nicht überreden - sondern überzeugen. Geben Sie uns die Gelegenheit dazu und sich selbst endlich die Hilfe, die Sie wirklich brauchen.

Mit freundlichen Grüßen
Ihr

Michael Steeger

CHTUNG: JETZT MIT „RUND UM DIE UHR SERVICE" ! ANRUFEN UND BESTELLEN 0211/373486 ACHTUNG: JETZT MIT „RUND UM DIE UHR SERV

Beispiel 7: Kfz-Mechaniker

Markus Neubauer
Eschenweg 84
72070 Tübingen
Tel.: 0 70 71/66 44 25

BEWERBUNG

Empfänger:	Winkler, Reifen + Autoservice, Herr Witte
Betreff:	Ihre Anzeige im Schwäbischen Tagblatt am 15. August 1997: Kfz-Mechaniker
Grund der Bewerbung:	Die beschriebene Aufgabenstellung entspricht meinen Fähigkeiten und Neigungen. Darüber hinaus ist mir Ihr Haus durch meine jetzige Tätigkeit bei der Schneider GmbH bestens bekannt.
Zu meiner Qualifikation:	Nach einer Lehre als Kfz-Mechaniker arbeitete ich zunächst in einer Autowerkstatt in Stuttgart und war dann drei Jahre bei Kfz-Hambacher in Tübingen tätig. Seit fünf Jahren arbeite ich bei meinem jetzigen Arbeitgeber, wo ich in ungekündigter Stellung tätig bin.
Zu meinen Fähigkeiten:	Fleiß und Zuverlässigkeit sind für mich ebenso selbstverständlich wie eine gute handwerkliche Arbeit. Sie können von mir erwarten, dass ich die gängigen modernen Fahrzeugtypen kenne und in der Lage bin, mit Kunden umzugehen. Der Umgang mit dem PC ist mir vertraut: Kenntnisse über verschiedene Programme habe ich mir aus Interesse selber angeeignet (Diese Bewerbung ist ein Produkt meines Hobbys).
Wie geht es weiter?	Über eine Einladung zu einem persönlichen Gespräch würde ich mich sehr freuen.
Datum und Unterschrift:	Tübingen, den 27. August 1997 Markus Neubauer

Annegret Berger
Corneliusstr. 15
89079 Ulm
Tel. 07 31/49 90 50

Ulm, den 12. August 1997

Brockmann AG
Herrn Alfred Möllich
Mühlstr. 118

85713 Unterschleißheim

Bewerbung als Personalreferentin
Ihre Anzeige in der FAZ vom 7.8.1997

Sehr geehrter Herr Möllich,

nach Abschluss eines betriebswirtschaftlichen Studiums mit Schwerpunkt Personalwirtschaft habe ich als Personalreferentin bei einem international ausgerichteten Chemieunternehmen drei Jahre Erfahrung im Bereich Personalbeschaffung und -betreuung gesammelt. Ich verfüge über folgende

fachliche Voraussetzungen:

1 – 3 sehr gut bis befriedigende Kenntnisse/ 4 = Grundkenntnisse/
5 = bisher keine Erfahrung

	1	2	3	4	5
Arbeits - und Steuerrecht		●			
AC-Center	●				
Ideenmanagement		●			
Lohn- u. Gehaltsabrechnung				●	
Englisch		●			
Französisch			●		
Word/Windows		●			
Lotus		●			
Powerpoint					●
Excel		●			

Ich weiß: Mitarbeiter sind das wichtigste Kapital eines Unternehmens und die Basis für Erfolg und Wachstum. Für die Arbeit des Personalbeschaffers bedeutet dies, dass ein zentrales Thema bei der Bewerberauswahl die Einsatzbereitschaft sowie die Leistungs- und Ergebnisorientierung sein muss. Diesen Maßstab können Sie selbstverständlich auch bei mir anlegen. Meine eigenes Persönlichkeitsprofil möchte ich so beschreiben:

- Ich bin bestrebt, meinen eigenen Horizont zu erweitern.
- Ich stelle an mich und an andere sicher hohe Ansprüche, bin aber auch tolerant und liberal.
- Wichtig ist mir ein gutes Betriebsklima, in dem Positives wie Negatives offen ausgesprochen wird.
- Ich arbeite gerne mit Kollegen, die sich untereinander austauschen und dabei neue Ideen entwickeln.
- Ebenso wichtig ist es mir, als Impulsgeber selber aktiv zu werden und mit eigenen Ideen zu gestalten.

Ihr Angebot hat mich sehr angesprochen. Falls auch Sie sich angesprochen fühlen, freue ich mich, Sie persönlich kennenzulernen.

Mit freundlichen Grüßen

Annegret Berger

Anlagen

Bewerbung als Lektor

Ludger Reimann
Unterwasserstr. 17
48165 Münster
Tel. 02 51/59 60 42

Es war ein sonniger Nachmittag im April des Jahres 1997,
als Ludger Reimann ...

… in Münster in Westfalen feierlich der Doktorhut der Germanistik überreicht wurde. Die Freude war groß und die Aufnahme des jungen Mannes in die Gemeinschaft der sprachkundigen Weisen wurde mit einem großen Festmahl gefeiert. Am nächsten Tag aber sprach der Doktorvater: „Du hast die Literaturwissenschaft bis zur Perfektion erlernt. Doch nun musst du fort von hier, du sollst dir einen neuen Meister suchen, der dich unter seine Fittiche nimmt". Da schickte der junge Mann Reiter aus, dass sie die Kunde von dem glücklichen Ausgang seines Studiums im ganzen Land verbreiteten. Und jedem, dem sie begegneten, reichten sie folgenden Handzettel:

Promovierter Germanist, 31

mit ersten praktischen Erfahrungen im Bereich
Redaktion/Lektorat sucht herausfordernde
Anfangsanstellung im Buchverlag

Befähigungen

Hochschulabschluss mit Promotion
Mehrjährige redaktionelle Erfahrung als freier
Mitarbeiter bei der Stadtillustrierten
Kenntnisse im Lektorat und Korrektorat durch
Praktika und freie Aufträge für den Dumont Buchverlag, Köln
Gutes Englisch
fundierte PC-Kenntnisse in dem Programm
Winword, Grundkenntnisse am Mac

Sonstiges:

An sprachlichen Ausdrucksmöglichkeiten und guten Ideen
mangelt es ihm nicht, auch – so sagt man –
beherrscht er die hohe Kunst des konzeptionellen Denkens

Der junge Mann aber wartete fortan, welches Schicksal ihm beschieden sei. Und wenn Sie, lieber Leser, dieser Geschichte ein glückliches Ende geben wollen, dann schreiben Sie ihm. Denn er wartet noch immer …

Beispiel 10: Lektorin für den Kinderbuchbereich

Heike Lammers
Schneebergweg 2
47804 Landshut
Tel. 08 71/27 85 82

5. Mai 1997

Heimeier Verlag
Personalabteilung
Rosenäckerstr. 30

47807 Landshut

Bewerbung als Redakteurin, Bereich Kinderbuch
Ihre Anzeige in der Süddeutschen Zeitung

Sehr geehrte Damen und Herren,

lassen Sie mich die Geschichte erzählen, von der Lektorin und Mutter von zwei kleinen Kindern, die wieder eine Festanstellung in ihrem erlernten Beruf sucht:

Es war einmal eine junge Frau, die hatte den Beruf der Lektorin erlernt und sie liebte ihre Arbeit. Eines Tages, sie war schon vier Jahre im Dumont Verlag beschäftigt, passierte etwas Eigenartiges. Ein komischer kleiner Mann stand plötzlich an ihren Schreibtisch. „Ich bin der Wunschzwerg. Du hast mich gerufen?" Sie sah ihn ungläubig an: „Ich habe niemanden gerufen". „Oh doch", sagte er, „Stimmt es etwa nicht, dass Bücher nicht dein einziges Metier sind. Verstehst du nicht auch viel von Kindern und wünscht dir eine Familie?" Hier machte der Zwerg eine Pause, um das vorsichtige Nicken der Frau abzuwarten. „Ich sehe wohl, dass ich nicht zu der Falschen gekommen bin", brummelte der Zwerg daraufhin. „Dein Wunsch soll in Erfüllung gehen. Du wirst einem Mann begegnen, ihn heiraten und zwei Kinder bekommen. Aber ich will dir auch das Problem nicht verschweigen. Hör also einen Moment zu: Sieben Jahre wirst du Abschied vom Berufsleben nehmen und deine Chancen auf einen Wiedereinstieg in den Beruf werden gering sein. Beherzige den folgenden Rat: Übernimm regelmäßig freie Lektorate, damit du nicht aus der Übung kommst. Dann kann es dir gelingen, wieder eine feste Stelle zu finden." „Werde ich es schaffen?" fragte die Frau. Aber der Zwerg war schon wieder verschwunden und gab ihr keine Antwort mehr. Sieben Jahre gingen ins Land und alles geschah genau so, wie es der Wunschzwerg vorhergesagt hatte ...

Nun müssen wir noch warten, ob die Geschichte ein glückliches Ende findet. Sie weiß die Antwort noch nicht. Können Sie, sehr geehrte Damen und Herren, ihr helfen?

Mit freundlichen Grüßen

Anlagen

Heike Lammers

Thomas Haubrich
Goethestr. 25
45968 Gladbeck
Tel. 0 20 43/68 74 72

15. Mai 1997

Cornelius GmbH
Frau Eva Fischer
Am Falder 10

40587 Düsseldorf

Bewerbung als Produktmanager

Sehr geehrte Frau Fischer,

Es ist angerichtet!

Mit einem abgeschlossenen Studium der Betriebswirtschaft und 3-jähriger Berufserfahrung als Produktmanager bei Bahlsen biete ich Ihnen eine aromatische Mischung aus

- Branchenkenntnis,
- konzeptioneller Kompetenz
- und kreativem Ehrgeiz

für ein Menü nach den Wünschen Ihres Hauses.

Die Speisekarte:

- Betreuung der Produktpalette
- Know-how in der Konzeption und Entwicklung neuer Produkt- und Service-Bestandteile
- dazu Kenntnisse im Fachhandelsmarketing
- verfeinert mit einem guten Schuss Kommunikationsstärke.

Weitere Zutaten wie gutes Englisch und Grundkenntnisse in Französisch runden das Angebot bei Bedarf ab.

Habe ich Ihnen Appetit gemacht? Dann freue ich mich, wenn ich Ihnen in einem persönlichen Gespräch weitere Informationen geben darf.

Mit freundlichen Grüßen

Anlagen

Thomas Haubrich

Mein Bewerbungstagebuch

12. September
Ein gutes Gefühl: Studium abgeschlossen, Examen in der Tasche! Ich darf mich jetzt Publizistin nennen. Jetzt will ich endlich voll in die Praxis einsteigen – mit Power und Fingerspitzengefühl. Mein Wunsch: Volontärin im Bereich Öffentlichkeitsarbeit.

15. September
Liebes Tagebuch: Ich habe drei Tage einfach so übersprungen. Zuviel zu tun. Der Aushilfsjob im Büro, dazu die freie Mitarbeit beim General-Anzeiger. Ich glaube, ich muss erst einmal etwas essen.

16. September
Samstag = Stellenanzeigentag. Interessante Anzeige im Kölner Stadtanzeiger: PR-Volontärin. Mir fallen gleich einige gute Argumente ein: Journalistisches Handwerk, wissenschaftliches Arbeiten und Kommunikationsfreudigkeit qualifizieren mich für diesen Beruf. Ich organisiere mit Vorliebe, plane, bin kreativ und das nicht nur gedanklich. Ich kann Ideen auch schriftlich umsetzen.
Das Telefon klingelt ...

Stunden später
Das war mal wieder typisch. Um zwei rief die Redaktion an, ob ich um drei einen Termin übernehmen kann, weil Susanne krank geworden ist. Ich habe natürlich ja gesagt.

17. September
Kurz in der Redaktion gewesen und den Artikel abgegeben. Danach endlich Zeit für die Bewerbung. Die Facts fehlen noch:
- seit drei Monaten „fertige" Publizistin
- seit vier Jahren freie Mitarbeit beim General-Anzeiger, vom Kleingärtnerverein bis SPD-Parteitag alles mitgemacht.
- PR-Praktikum im Presse- und Informationsamt der Stadt Münster

19. September
Noch schnell im Copyshop gewesen und Zeugnisse kopiert. Nun noch den Lebenslauf schreiben und ab die Post! Ob man mich wohl einladen wird?

Detektei Info-Partner

Ausbildungsinstitut Stegemann
Herrn Klaus Biemüller
Kaiserstr. 202

49477 Ibbenbüren

15. Juli 1997

Ihre Anzeige „Lehrkraft Erwachsenenbildung" vom 2.7.1997

Sehr geehrter Herr Biemüller,

in Bezug auf Ihre Fahndungsmeldung nach einer Lehrkraft für die Erwachsenenbildung in der Westdeutschen Allgemeinen Zeitung kann ich Ihnen eine erfreuliche Mitteilung machen. Es ist mir gelungen, eine 30jährige Person ausfindig zu machen, auf die Ihre Beschreibung passt.

Ich habe die fragliche Person, einen gewissen Markus Bender, bereits für Sie unter die Lupe genommen und kann Ihnen interessante Details mitteilen:

Derzeit hält sich Bender werktags zu unregelmäßigen Zeiten in der Dekra Akademie auf. Er übt dort schon seit drei Jahren freiberuflich den Beruf des Lehrers aus. Seine Aufgabe ist es, die erwachsenen Schüler in den Fächern Kaufmännischer Schriftverkehr, Kaufmännisches Rechnen, Bewerbungstraining und EDV zu unterrichten. Das nötige Wissen hat er während einer Lehre als Groß- und Außenhandelskaufmann und einem anschließendem Lehrerstudium der Geschichte in Köln erworben.

Wie ich aus sicherer Quelle erfahren habe, übt Bender seine Aufgabe mit Fleiß und Umsicht aus. Er sei jedoch in seiner jetzigen Position als Freiberufler nicht recht glücklich und strebe eine Festanstellung an.

Alle Indizien sprechen dafür, dass Bender die gesuchte Person sein könnte. Sicher wollen Sie ihn aufspüren, um lückenlose Aufklärung zu verlangen! Für diesen Fall habe ich seine Adresse für Sie recherchiert:

Markus Bender
Seebacher Str. 22
48432 Rheine
Tel. 0 59 71/44 20 50

Mit freundlichen Grüßen

gez. Günter Romberg

Anlagen

Wie immer perfekt kombiniert!

Beispiel 14: Grafiker für eine Anfangsstellung

-Personalbogen 43Pb/a-

Der Personalbogen darf nach § 14 Verfahrensweg nur von den zuständigen Stellen eingesehen werden.

foto-registriernummer: 302/87

Aktenzeichen: 90XV/040265.34

VS

Zur Person

Angaben nach Möglichkeit maschinell ausfüllen.

Name:	STEEGER
Vorname:	Michael Konrad
geboren:	04.02.1965

Geben Sie bitte sämtliche Namen an, auch Rufnamen!

Datum der Aufnahme: (Relevant ist das Datum des regulären Studiumsbeginn.)	01.09.1990
Entlassung aus dem Studium am:	11.07.1996

STRENG VETRAULICH

Haarfarbe:	rot
Augenfarbe:	grau-blau
Größe:	185 cm
Gewicht:	78 kg

- 1 cm lange Narbe oberhalb des linken Auges.
- 10 cm lange Narbe am rechten Knie.
- Braunes Muttermal (ca. 1 cm) links oberhalb des Bauchnabels.

Adresse:	Grafenbergerallee 139 40237 Düsseldorf
Telefon:	0211-663999

abdruckabnahme: 02.9/1990

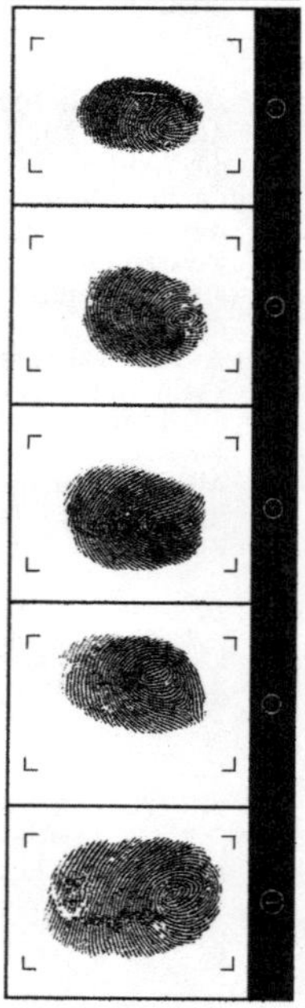

Erkennungsdienstliche Merkmale (§ 19a GGL):

Gute bis sehr gute Kenntnisse in den Programmen **Quark XPress, Photoshop, Freehand.**

Erfahrungen in der Konzeption und Gestaltung von **Zeitschriften, Broschüren** und dem Entwickeln von **Corporate Design** (Studiumsschwerpunkte).

Durch Tätigkeit als freier Mitarbeiter in verschiedenen Werbeagenturen auch Erfahrung im Bereich **Kampagnenentwicklung.**

Steeger werden auch gute Fähigkeiten im **illustrativen Bereich** nachgesagt.

SONSTIGE:

Vorsicht: Er ist als vordergründig ruhiger, sympathischer ~~Gxxxx~~ Charakter bekannt, in der Sache aber **geladen und äußerst engagiert!**

Erledigt

-reco® dienstformulare 63/345-9-12
Unerlaubtes Kopieren wird strafrechtlich verfolgt.

-Personalbogen 43Pb/b-

Der Personalbogen darf nach § 14 Verfahrensweg nur von den zuständigen Stellen eingesehen werden.

STRENG VETRAULICH

Aktenzeichen: 90XV/040265.34

Angaben nach Möglichkeit maschinell ausfüllen.

Name:	STEEGER
Vorname:	Michael Konrad

Geben Sie bitte sämtliche Namen an, auch Rufnamen!

Bemerkungen Sachbearbeiter:

Der Antrag auf vorzeitige Entlassung vom 15.07.1995 wurde abgewiesen.
Vgl. Anlage.

[redacted] 11. Nov. 1995

gez. Rexrohe

VS

Laufbahn

Angaben nach Möglichkeit maschinell ausfüllen.

04.02.1965 geboren in Kiel.

1984 **Abitur** am Collegium Augustinianum Gaesdonck bei Goch (Niederrhein).

1984-1988 **Goldschmiedelehre** bei H. Schoemaker, Kalkar.

02.05.88 - 15.06.88 **Zivildienst** in einem Heim für Schwererziehbare, Köln/Deutz. Ausmusterung durch Knieverletzung.

1988/1989 Steeger wird gelegentlich beim **Studium von Kunstgeschichte und Italienisch** an der Kölner XXXX Universität beobachtet.

Ende 1989 versucht Steeger sich als **Goldschmied nach Italien** abzusetzen. Im Dezember desselben Jahres wird er jedoch wieder im Raum Köln gesehen.

01.09.1990 Steeger wird endlich gefasst und verbringt die folgenden **6 Jahre mit dem Graphik-Design Studium** an der Fachhochschule Düsseldorf.

Durch den offenen Vollzug gelingt es ihm seine Kontakte zur kreativen Szene auch außerhalb der Fachhochschule zu verstärken:
- 3-monatiges Praktikum beim **Szene/Musikmagazin „Westzeit"**, Kaldenkirchen.
- 1-monatiges Praktikum beim Designbüro **KONZEPTION + DESIGN**, Köln.
- 2-monatiges Praktikum bei der Werbeagentur **HILDMANN, SIMON, REMPEN & SCHMITZ**, Düsseldorf.

In der Folgezeit arbeitet Steeger studienbegleitend ca. eineinhalb Jahre als **freier Mitarbeiter** für KONZEPTION UND DESIGN und HSR & S.

01.08.1995 - 01.05.1996 **Fester freier Mitarbeiter** bei der neu gegründeten Werbeagentur **SIXPACK**, Düsseldorf.

Am 11.07.1996 wird Steeger als **Diplom-Grafiker** aus der Fachhochschule Düsseldorf entlassen.

Erledigt

Beispiel 15: Trainer bei einem Pharmaunternehmen

Gebrauchsinformation

Bitte aufmerksam lesen!

Anwendungsgebiet
TRAINER

Darreichungsform und Inhalt
33jähriger Biologe (Diplom) mit fünfjähriger Berufserfahrung als Pharmaberater bei Meditech in Gummersbach

Art der Anwendung

- Außendienst-Vertriebserfahrung: Beratung und Information vorselektierter Ärzte und Apotheker.
- Erfolgsanalysen auf Segments- und Gebietsebene.
- Berufserfahrung als Trainer konnte bisher nicht nachgewiesen werden, jedoch bestehen ausreichende Erfahrungen bei der Organisation und Durchführung von Fortbildungsveranstaltungen zur Vermittlung von aktuellem Know-how. Auch Seminar- und Vortragsfähigkeit wurde bereits erfolgreich erprobt

Wirkungsweise
Gute analytische Fähigkeiten, das entsprechende Basiswissen im pharmazeutisch-technischen Bereich und Schulungserfahrung sind vorhanden. Aufgrund dieser Wirkstoffkombination kann die Eignung für die Trainertätigkeit vorausgesetzt werden.

Besondere Eigenschaften
Bekannt sind Organisationstalent, gut ausgeprägte Kreativität und Begeisterung für eine neue Aufgabe in der aktiven Aus- und Weiterbildung. Besonders gute Wirksamkeit abseits eingefahrener Wege und verkrusteter Denkweisen.

Nebenwirkungen
In seltenen Fällen wurde das Auftreten von morgendlicher Mufflichkeit beobachtet, das sich jedoch durch mehrere Tassen Kaffee schnell ausgleichen lässt.

Wechselwirkung mit anderen Mitteln
Bei bestimmungsgemäßen Gebrauch sind bisher keine Wechselwirkungen bekannt. Eine gute Verträglichkeit und Teamfähigkeit wurde in jahrelangen Tests nachgewiesen.

Dauer der Anwendung
Kann über mehrere Jahre angewendet werden. Gelegentliche Gehaltserhöhung zum Erhalt der Motivation wird empfohlen.

Zu riesigen Nebenwirkungen fragen Sie Ihren Arzt oder Apotheker oder wenden Sie sich direkt an Stefan Hausner, Tel. 0 89/7 44 02 04

Stand der Information
Oktober 1997

Darf's etwas mehr sein? Kreative Bewerbungsstrategien

Nicht immer reicht das Verschicken von Bewerbungsmappen, um an den begehrten Arbeitsplatz zu kommen, besonders wenn viele Bewerber ins Rennen gehen. In der heutigen Arbeitsmarktsituation sind die Ansprüche und Erwartungen der Unternehmen leider sehr hoch. Und das gilt auch für Form und Art der Bewerbung. Denn Bewerben kommt von Werbung und da genügt es oft nicht, eine gute Ausbildung und gute Zeugnisse vorzuweisen. Man muss sich auch gut verkaufen können, um seine Qualitäten an den Mann zu bringen. Nicht von ungefähr stammen einige der Vorschläge, die Sie in diesem Kapitel finden, aus dem Bereich der Werbung, die ja bekanntlich davon lebt, ständig neue Überraschungen zu präsentieren.
Zu den beliebtesten und erfolgreichsten Werbestrategien gehören beispielsweise das Direktmailing und die Rückantwortkarte. Diese Mittel lassen sich auch für eine Bewerbung sinnvoll nutzen. Pluspunkte können Sie auch mit der Mehrfachstrategie sammeln, indem Sie den Personalverantwortlichen gleich mit doppelter Post auf sich aufmerksam machen. Manche Bewerbungen vertragen Beigaben, die sich auf den Text beziehen oder auf den Empfänger verweisen. Eine witzige Zugabe zur Bewerbung kann helfen, sich im Kampf um den Job gegen die Mitbewerber abzugrenzen. Worauf es dabei ankommt, ist die pfiffige Idee in Verbindung mit der anvisierten Stelle und dem Unternehmen. Natürlich sind ungewöhnliche Bewerbungen besonders in kreativen Branchen, bei Marketingfachleuten, Grafik-Designern oder Werbetextern, gefragt. Wer kreativ arbeiten will, darf und sollte seinen Ideenreichtum schon mit der Bewerbung zeigen. Aber auch in anderen Branchen haben Bewerber auf so ungewöhnliche Weise schon Erfolg gehabt. Viele Jobsuchende, die sich seit Monaten erfolglos bemüht haben, konnten sich erst durch diese offensive Strategie die Aufmerksamkeit der Personalchefs und den entscheidenden Vorsprung sichern, der zur Einstellung führte. Daher ist es auch für den Durchschnittsbewerber angesagt, sich mit solchen Bewerbungsstrategien vertraut zu machen.
Wer nun allerdings unter dem Druck steht, originell sein zu müssen, kann unbeabsichtigt schon einmal über das Ziel hinausschießen und belästigend oder lächerlich empfunden werden. Man sollte daher darauf achten, dass man die Spielregeln nicht verletzt, indem man beispielsweise

- bewusst falsche oder irreführende Informationen gibt,
- überzogene Erwartungen weckt,
- Versprechungen macht, die man nicht halten kann,
- sich selbst oder den Empfänger übertrieben hochlobt,
- sich dem Empfänger zu aggressiv anbietet,
- eine ästhetisch fragwürdige Aufmachung präsentiert.

Die folgenden Ideen und Beispiele sind ein buntes Sammelsurium aus der Trickkiste der Stellungssuchenden. Lassen Sie sich überraschen und anregen, wenn Sie Ihrer Bewerbung mehr Nachdruck verleihen wollen.

Direktmailing

Unter einem Direktmailing versteht man in der Werbung einen Brief, der an möglichst viele Adressaten versandt wird, um auf ein Produkt oder eine Leistung aufmerksam zu machen. Übertragen auf den Bewerbungsvorgang handelt es sich um eine Art Bewerbungsrundschreiben an viele mögliche Arbeitgeber. Nun wird in (fast) allen Bewerbungsratgebern vor Massenanschreiben gewarnt. Aber eine ungewöhnliche Situation, sprich ein enger Arbeitsmarkt, rechtfertigt ungewöhnliche Maßnahmen. Wenn Sie nicht wochen- oder sogar monatelang auf die passende Stellenanzeige in der Zeitung warten möchten, ist ein Bewerbungsmailing eine gute Möglichkeit, selber aktiv zu werden. Da Sie das Anschreiben in diesem Fall nicht individuell auf jeden Empfänger abstimmen können, ist eine überzeugende Aufmachung besonders wichtig. Es muss Ihnen gelingen, den potentiellen Arbeitgeber schon mit der Einleitung neugierig zu machen, damit er Ihren Brief aufmerksam liest. Erhoffen Sie sich aber von einem Bewerbungsmailing keine Wunder. In der Werbung geht man von Rücklaufquoten zwischen zwei und fünf Prozent aus. Das bedeutet rein rechnerisch, dass sich bei 100 verschickten Briefen voraussichtlich nur 2 bis 5 Unternehmen melden, die ein Interesse an Ihnen und Ihren Qualifikationen zeigen. Dennoch: Es kann sich lohnen, denn Sie suchen schließlich nur eine Arbeitsstelle!
Und noch eine Idee: Sie können die Rücklaufquote erhöhen, wenn Sie Ihrem Mailing eine Rückantwortkarte beifügen (siehe nächster Punkt).

➔ Beispiele 1, 2

Rückantwortkarte

In der Werbung sind Antwortkarten ein beliebtes Mittel, um dem potentiellen Kunden eine zeitsparende Reaktion auf ein Angebot zu ermöglichen. Auch Sie können dieses Medium zu diesem Zweck einsetzen, wenn Sie nach Versand der Bewerbung nicht wochenlang auf eine Antwort warten wollen. Machen Sie dem Arbeitgeber die Kontaktaufnahme mit Ihnen so einfach wie möglich. Legen Sie der Bewerbung eine mit Ihrer Anschrift versehene Antwortkarte bei. Eine einfache Blankopostkarte erfüllt bereits den Zweck. Wenn Sie die Antwortkarte vorab frankieren, können Sie die Wahrscheinlichkeit erhöhen, die gewünschte Antwort recht schnell zu erhalten.

Natürlich könnten Sie die Karte nur als schlichte Eingangsbestätigung Ihrer Bewerbung verwenden. Aber das hieße, eine wertvolle Chance zu verschenken. Besser ist es, wenn Sie die Karte dazu nutzen, eine erste Beurteilung Ihrer Bewerbung zu erhalten. Auch hier sollten Sie es dem Unternehmen so einfach wie möglich machen, indem Sie einen Auswahltext einsetzen. Der Empfänger braucht den jeweils zutreffenden Text nur noch auszuwählen. Ihre Antwortkarte lädt also geradezu zur Rückantwort ein, denn sie macht wenig Arbeit. Und was wollen Sie mehr? Sie sollten jede einzelne Antwort mit einem Ankreuzfeld versehen, die auch ohne Computer leicht mit eckigen Klammern darstellbar sind. Und noch ein zusätzlicher Tip: Am besten sehen Sie auch ein Kreuzfeld für einen Vorschlag des Adressaten vor. Selbst wenn Sie glauben, alle Möglichkeiten seiner Antwort erfasst zu haben, kann es immer den Fall geben, wo der Empfänger Ihnen noch etwas anderes mitteilen möchte.

Unbedingt empfehlenswert ist eine Antwortkarte, wenn Sie ein Direktmailing oder eine Kurzbewerbung verschicken. Sie dient in diesem Fall zur Anforderung Ihrer vollständigen Bewerbungsunterlagen. Sie ermöglichen damit den Personalleuten, ohne Zeitaufwand mehr über Sie zu erfahren, und Sie ersparen ihnen die Arbeit, die es machen würde, erst anzurufen oder einen Brief zu schreiben. Die Erfahrung zeigt, dass die Verantwortlichen diese Mühe oft scheuen, besonders wenn es an passenden Bewerbern nicht mangelt.

➔ Beispiele 3, 4

Bewerbung im Team

Die Konkurrenz im Kampf um einen Arbeitsplatz ist groß. Und so kommt es in der Praxis nicht selten vor, dass Stellungssuchende ihre Mitbewerber persönlich kennen. Das trifft beispielsweise häufig bei Studienabgängern eines Studiengangs und Absolventen einer Weiterbildung oder Umschulung zu. Statt sich einzeln bei den in Frage kommenden Arbeitgebern zu bewerben, bietet sich in so einem Fall die Bewerbung im Team als Alternative an.
Das klingt zunächst ungewöhnlich, ist es aber im Grunde genommen nicht. Warum sollten zwei Bewerber als Konkurrenz auftreten, wenn Sie sich gut kennen?
Und wird nicht Teamfähigkeit in immer mehr Stellenangeboten von den zukünftigen Mitarbeitern gefordert? Wenn Sie sich zu zweit bewerben, können Sie zeigen, dass sie zur Teamarbeit fähig und bereit sind.
Kernstück einer solchen „Bewerbung im Doppelpack" ist das gemeinsame Anschreiben. Machen Sie deutlich, dass Sie natürlich gemeinsam, aber auch einzeln an einer Anstellung interessiert sind. Damit beide Persönlichkeiten und Qualifikationen deutlich herauskommen, sollten Sie zwei getrennte Mappen mit Lebensläufen und Zeugnissen beilegen.
➔ Beispiel 5

Sammelbewerbung

Eine Sonderform der Teambewerbung ist das Sammelanschreiben vieler Bewerber mit gleicher Ausbildung. Es eignet sich beispielsweise für Abgangsklassen einer Aus- oder Fortbildung. Bei der Weiterbildungseinrichtung der Klett-Verlage Klett WBS in Stuttgart wird diese Form der Bewerbung schon seit einigen Jahren immer wieder mal praktiziert. Es entstehen ansprechende Sammelbewerbungen, die an mögliche Arbeitgeber versandt werden. Die Broschüre „PoRträts 95" des Klett-WBS-Kurses „PR-Referent/in" beispielsweise enthält detaillierte Informationen über die Ausbildungsinhalte der Weiterbildung und Kurzporträts jedes einzelnen Absolventen. Neben den wichtigsten Daten des Lebenslaufs, Foto und Unterschrift vermittelt vor allem ein jeweils persönlich verfasster Text einen guten ersten Eindruck von den beruflichen Vorstellungen der einzelnen Kursteilnehmer.
Natürlich kann diese Form der Bewerbung eine eigene individuelle Bewerbungsstrategie nicht ersetzen. Als unterstützende Maßnahme bei den Bewerbungsaktivitäten ist sie jedoch sinnvoll und kann durchaus zum Erfolg

führen. Ein Personalchef, der eine Stelle zu besetzen hat, wird – statt eine kostenintensive Anzeige zu schalten – gerne auf die Broschüre zurückgreifen, wenn ihm einer der Bewerber besonders geeignet erscheint.

Mehrfachstrategie

Ideenreichtum ist gefragt, wenn man unter der Vielzahl der Bewerber auffallen will. Wer sich mehrfach in Erinnerung bringt, wird besser in Erinnerung bleiben. Nach dem Motto „Doppelt gemoppelt hält besser" funktioniert diese Strategie. Dabei gibt es zwei grundsätzliche Möglichkeiten: Sie können den Empfänger bereits vor dem Versand Ihrer eigentlichen Bewerbung neugierig machen oder ihn danach noch einmal an sich erinnern.

Zur ersten Möglichkeit: Fallen Sie einmal nicht gleich mit der Tür ins Haus. Machen Sie per Salami-Taktik „scheibchenweise" auf sich aufmerksam. Der Empfänger bekommt zuerst nur eine Aufmerksamkeit zugesandt. Erst am nächsten Tag folgt die „Auflösung" in Form der Bewerbung. Ein Beispiel: Ein Stellungssuchender kündigte seine Bewerbung mit einem kleinen Blumenstrauß an, den er persönlich abgab. Auf einer beigefügten Karte stand nur: „Bewerbung folgt!" Im Anschreiben seiner Mappe, die einen Tag später folgte, nahm der Bewerber auf sein Blumengeschenk Bezug: „Ganz unverblümt: Die Stelle reizt mich". Die bunte Gabe kam an, der Bewerber wurde zum Vorstellungsgespräch eingeladen – allerdings war die Personalverantwortliche eine Frau. Ob diese Form der Aufmerksamkeit bei Männern genauso gut wirkt, ist zumindest fraglich.

Die andere Variante der Mehrfachstrategie ist die Nachfass-Taktik. Wieder bekommt der Empfänger zweimal Post, zunächst erhält er Ihre Bewerbung und einige Zeit später bringen Sie sich mit einer weiteren Sendung wiederum ins Gedächtnis. Sie erreichen auf diese Weise, dass der Empfänger gerade Ihre Unterlagen noch einmal aus seinem Bewerbungsstapel heraussucht und Ihnen ein zweites Mal Beachtung schenkt. So gab eine Kommunikationswirtin den Kreativen einer Werbeagentur einige Zeit nach Versand ihrer Bewerbungsunterlagen einen unmissverständlichen Wink: Sie verschickte einen Zaunpfahl.

Inwieweit die Mehrfachstrategie für Ihre Bewerbung infrage kommt und in welcher Form, bleibt Ihrer Fantasie überlassen. Jedoch sollte Ihre Idee zu Ihrer Bewerbung und der anvisierten Stelle passen. Falls Sie sich näher mit dieser Möglichkeit beschäftigen wollen, hier weitere Beispiele für pfiffige Aktionen:

- Telegrammbewerbung: Der Empfänger erhält zunächst nur ein (per Post verschicktes) Telegrammformular, in dem die Zusendung der Bewerbung angekündigt wird. Ein Beispieltext: „Stellenanzeige „Topverkäufer" ist top - stop - ich bewerbe mich - übliche Unterlagen folgen - stop - Gruss - stop - Herbert Kaufmann - stop."
- Puzzlebewerbung: Der Bewerbung wird mit einem kleinen (!) Puzzle verschickt, bei dem ein Teil fehlt. Das fehlende Teil folgt in der zweiten Sendung mit der Bemerkung „Passt" .
- Luftballonbewerbung: Eine pfiffige Idee, wenn Sie mit freundlichem Nachdruck zum zweiten Mal auf sich aufmerksam machen wollen: Verschicken Sie einen Luftballon, der beim Aufblasen den aufgemalten Hinweis enthüllt: „Meine Bewerbung schwebt noch in der Luft!"
- Nachfass-Hand: Der Empfänger erhält mit zweiter Post eine aus Pappe ausgeschnittene Hand. Darauf kann zum Beispiel stehen: „Sie denken vielleicht: Na ja, die Bewerbung war ja ganz nett, aber bei mir muss der noch eins drauflegen. Bitte sehr: Die Nachfass-Hand von Herwig Maurer, Tel. 02 34/82 20 42."
- Arbeitsprobe: Verschicken Sie mit zweiter Post eine überzeugende Arbeitsprobe. Wird in einer Stellenanzeige eine Mitarbeiterin mit perfekten Englischkenntnissen gesucht, könnten Sie beispielsweise Ihr Anschreiben zum zweiten Mal, ins Englische übersetzt, verschicken.

➔ Beispiel 6

Zugabetaktik

Eine weitere Möglichkeit, die Personalchefs zu verblüffen, ist die Zugabetaktik. Dreidimensionale Bewerbungen fallen mehr auf und finden darum mehr Beachtung. Wenn der Rest der Unterlagen komplett und gut ist, können Sie sich zumindest den Bonus der Überraschung sichern.

Die „klassische" Zugabe zur Bewerbung ist die Arbeitsprobe, die in kreativen Branchen oft etwas aufwändiger ausfällt. So ließ eine Grafikstudentin Dias von Ihren Arbeiten in einen Viewmaster einbauen und erzielte damit einen großen Aufmerksamkeitserfolg. Ein Architekt, der unbedingt einen Praktikumsplatz in New York ergattern wollte – und auch erhielt –, integrierte Mittelformat-Dias von Arbeitsproben in einen selbstgebauten Leuchtkasten. Die Empfänger brauchten nur den Stecker in die Steckdose zu stecken. Beim Öffnen des Deckels ging die eingebaute Lampe automatisch an und präsentierte die Bilder der Arbeitsproben im besten Licht.

Um beim Empfänger Ihrer Zugabe Pluspunkte zu sammeln, kommt es immer darauf an, möglichst pfiffig und eindeutig eine Verbindung zu der anvisierten Stelle oder dem Unternehmen herzustellen. Dies gelang einer Bewerberin eines renommierten Autoherstellers. Sie nahm auf die Imageanzeige des Unternehmens Bezug, das mit dem Bild einer Weltkugel für seine Internationalität warb, und verschickte ihre Bewerbung mit einem Globus.

Nicht die Größe oder aufwendige Machart der Zugabe führt zum Erfolg, wichtig ist die individuelle Idee. Es liegt an Ihnen herauszufinden, was in Ihrer Branche machbar ist. Als Anregung weitere Beispiele für Zugaben, die bei den Empfängern Aufmerksamkeit und Überraschung auslösten:

- In der Stellenanzeige einer Werbeagentur wurde ausdrücklich um „pfiffige Bewerbungen" gebeten. Ein Stellungssuchender nahm es wörtlich und verschickte seine Bewerbung mit einer Trillerpfeife.
- Ein Bewerber für ein Trainee-Programm einer Autofirma legte seinen Unterlagen eine rote Kunstrose bei. Die Bewerbung des „Rosenkavaliers" wurde in dem Unternehmen herumgereicht und dies, obwohl der empfangende Personalverantwortliche ein Mann war.

- Eine Idee, die von Bewerbern in der Industrie schon mehrfach verwendet wurde: Die Zugabe eines T-Shirts mit dem Aufdruck „Für einen Job bei Ihnen gebe ich mein letztes Hemd."
- Eine Schauwerbegestalterin heftete ihre Bewerbung mit einem Druckknopf zusammen und verzierte ihr Anschreiben mit einer Stecknadel.
- Ein Trainee-Anwärter für den Bereich Marketing reichte mit seiner Bewerbung neonbunte Badeschlappen ein: „Hoffentlich kippen Sie bei dieser Bewerbung nicht aus den Latschen."
- Eine besonders kreative Idee hatte der Bewerber eines Spieleverlages. Er erfand ein „Heiteres Bewerbungsspiel für 2 bis 4 möglichst Arbeit suchende Mitspieler" und – bekam die Stelle.

→ Beispiel 7

Beispiel 1: Direktmailing

Heiner Gutbrodt **Vertriebsspezialist**

Zähringerstr. 75
01662 Meißen
Tel. 0 35 21/45 61 22

SEEF Datentechnik GmbH
Postfach 20 75

40702 Hilden

Meißen, den 25. November 1996

Meine Stärke für Ihre Zukunft!

Sehr geehrter Herr Vollmer,

gute Vertriebsmitarbeiter sind heute für ein Unternehmen wichtiger denn je. Im Werben um den Kunden verschaffen Sie sich entscheidende Vorteile durch einen aktiven und kompetenten Vertrieb. Mit gut ausgebildeten, engagierten Fachkräften ist das überhaupt kein Problem.

Sollten Sie einen neuen, erfolgversprechenden Mitarbeiter zur Betreuung Ihres Kundenstammes und/oder Ausbau Ihres Betriebsnetzes suchen, könnte ich Ihr neuer Mann sein. Als ausgebildeter Bankkaufmann mit weitergehender Qualifikation zum Betriebswirt biete ich Ihnen langjährige Verkaufserfahrung und ein sicheres Gespür für den Markt und die Bedürfnisse der Kunden.

Lesen Sie in dem beiliegenden Lebenslauf, welche Qualifikationen ich Ihnen darüber hinaus bieten kann. Und verpassen Sie nicht die Gelegenheit, den persönlichen Gutschein auszunutzen.

Mit freundlichen Grüßen

Heiner Gutbrodt

Persönlicher Gutschein für Herrn Vollmer

Ja, bitte schicken Sie mir Ihre vollständigen Bewerbungsunterlagen. Ich erhalte die Sendung kostenlos und ohne jede Verpflichtung 14 Tage zur Ansicht.

Ferdinand Langer
Simrockstr. 4
80796 München
Tel. 0 89/7 55 42 83

Marcard Deutschland GmbH
Geschäftsleitung
Rüdigerstr. 20

73703 Esslingen

28. August 1997

Führungskraft sucht neue Position im Einkauf

Sehr geehrte Damen und Herren,

1. Haben Sie sich Wachstum zum Ziel gesetzt? Ja/nein
2. Möchten Sie mit Materialwirtschaft die Wettbewerbsfähigkeit Ihres Unternehmens steigern? Ja/nein
3. Nutzen Sie die strategischen Chancen des Einkaufs, um jederzeit einen reibungslosen Betriebsablauf sicherzustellen? Ja/Nein
4. Wenden Sie die Instrumente des Cost Control und des Optimierungsmanagements an? Ja/Nein

Wenn Sie nur zwei dieser Fragen mit Ja beantwortet haben, lesen Sie bitte weiter. Denn dann benötigen Sie Führungskräfte, die ihr eigenes Potential effizient nutzen und aktiv Veränderungsprozesse mitgestalten wollen.

Falls Sie auf der Suche nach einem solchen Mitarbeiter sind, biete ich Ihnen exzellentes Know-how und internationale Erfahrung in der Materialwirtschaft. Dazu wichtige Stichworte vorab:

✓ erfolgreiche Praktizierung von Global Sourcing in verschiedenen Industrien mit deutlichen Kostensenkungseffekten.
✓ Beschaffung/Logistik: Einkaufsverantwortung bis DM 300 Mio. p.a., dabei erzielte Materialeinsparungen über DM 20 Mio. p. a.
✓ Sicherstellung eines Lieferservicegrades von über 99,5 %.
✓ Konzeption verschiedener Eurologistik-Strategien und -Systeme, moderne EDV-Abwicklung.
✓ Markenartikel: Product Line-Launches und -Relaunches mit Materialkostenoptimierung und Sicherstellen pünktlicher Markteinführung.

Könnte das für Sie von Interesse sein? Fordern Sie ohne jede Verpflichtung meine kompletten Unterlagen an. Eine Antwortkarte liegt bei.

Mit freundlichen Grüßen

Ferdinand Langer

Beispiel 3: Rückantwortkarte zu einer Blindbewerbung

Seite 1

Mit dieser Karte erfahren Sie mehr!

Sie erhalten Informationen über Ferdinand Sager

- seine Ausbildung
- seine bisherigen Tätigkeiten
- seine Fähigkeiten und Fertigkeiten
- weitere beruflich verwertbare Kenntnisse

Absender:

☐ Ja, senden Sie mir Ihre kompletten Bewerbungsunterlagen zu

Seite 2

Antwort

Ferdinand Sager
Buttstr. 26

78253 Büsingen

Beispiel 4: Rückantwortkarte

Seite 1

Sehr geehrter Herr Weißgerber,

ich bestätige den Eingang Ihrer Bewerbungsunterlagen.

- ☐ Bitte haben Sie Geduld. Die Auswertung der eingegangenen Bewerbungen wird noch einige Zeit in Anspruch nehmen.
- ☐ Ihre Bewerbung ist leider nicht in die engere Wahl gekommen, weil ______________________
  - ☐ Ihre Qualifikationen nicht ausreichen.
  - ☐ die Qualifikationen anderer Bewerber den Anforderungen der zu besetzenden Position besser entsprechen.
- ☐ Wir möchten Sie gerne kennenlernen. Bitte kommen Sie am .... um .... Uhr zu uns.
- ☐ ______________________________________

Herzliche Grüße

Firma/Name

Seite 2

Herrn

Daniel Weißgerber
Baldurstr. 12

40235 Düsseldorf

Beispiel 5: Bewerbung zweier Kommunikationsfachwirte

Karsten Mikloweit
Neue Str. 4,
85757 Karlsfeld
Tel. 0 81 31/59 22 30

Jens Zumbrinck
Vierlander Str. 14,
80469 München
Tel. 0 89/4 58 52 55

Würth Motor GmbH
Otto-Brenner-Str. 5

81925 München

20. Oktober 1997

Ihre Anzeige in der Stuttgarter Zeitung vom 12.10.1997
Trainee-Programm „Marketing und Sales"

Sehr geehrte Damen und Herren,

Sie suchen Nachwuchskräfte mit „Mut zu neuen Ideen". Wir, zwei zukunftsorientierte Kommunikationsfachwirte, sind bereit, ausgetretene Pfade zu verlassen und eigene zu gehen. Das möchten wir Ihnen u. a. zeigen, indem wir uns mit diesem gemeinsamen Anschreiben bei Ihnen bewerben.

Als Absolventen des Weiterbildungslehrganges „Kommunikationsfachwirt" bei der DBA in Augsburg verfügen wir über eine vergleichbare Qualifikation. In dem einjährigen Kurs, der auch ein zweimonatiges Betriebspraktikum beinhaltete, haben wir uns fundierte Kenntnisse im Bereich Marketing und Werbung angeeignet. Unsere Fachzeugnisse geben Ihnen detailliert Auskunft über die Studieninhalte.

Vor der gemeinsamen Weiterbildung verliefen unsere Wege recht unterschiedlich:

<u>Karsten Mikloweit</u>
hat nach seinem Abitur zunächst eine Ausbildung zum Bankkaufmann gemacht und war anschließend fünf Jahre lang in seinem Beruf tätig, zuletzt in der Kreditabteilung bei der Volksbank in Köln. Er entschloss sich zur Weiterbildung, da sich ihm in seinem Beruf ohne Studium keine beruflichen Aufstiegsmöglichkeiten mehr boten.

<u>Jens Zumbrinck</u>
hat nach Abitur und Wehrdienst sechs Semester Maschinenbau an der Universität in München studiert. Da die Berufsaussichten im Maschinenbau zur Zeit denkbar schlecht sind, brach er sein Studium vorzeitig ab, um sich in Richtung Marketing umzuorientieren. Sein Bezug zur Technik könnte für Sie ein Entscheidungskriterium sein.

Karsten Mikloweit über Jens Zumbrinck:
Ich habe Jens als ruhigen, ausgeglichenen Menschen kennengelernt, der selbstbewusst sein Ziel verfolgt. Die Lösung von Problemen betrachtet er als Herausforderung. Dabei probiert gern Neues aus und arbeitet konzentriert und ausdauernd. Am PC ist er fit wie kaum ein Zweiter.

Jens Zumbrinck über Karsten Mikloweit:
Karsten ist mir durch seine positive Ausstrahlung aufgefallen. Er hat den Kopf voller kreativer Ideen und packt gerne engagiert zu. Im Team kann er sich gut durchsetzen und erweist sich als ausgesprochenes Organisationstalent.

Wenn Sie sich vorstellen können, einen von uns oder beide als Mitarbeiter einzustellen, freuen wir uns auf Ihre Nachricht. Da wir neugierig sind, ob Ihnen unsere gemeinsame Bewerbung gefallen hat, möchten wir Sie bitten, uns vorab die beigefügte Rückantwortkarte ausgefüllt zurückzusenden. Vielen Dank.

Mit freundlichen Grüßen

Karsten Mikloweit Jens Zumbrinck

Anlagen
Rückantwortkarte
Zwei Bewerbungsmappen mit Lebenslauf und Zeugnissen

Beispiel 6: Nachfass-Hand

BEWERBUNGSSPIEL

Ein heiteres Würfelspiel für 2 – 4 (möglichst Arbeit suchende) Mitspieler

Man nehme: 4 Spielpuppen
1 Würfel

I. Spielregeln:

Derjenige Mitspieler darf beginnen zu würfeln, der schon am längsten auf der Suche nach einem durch und durch befriedigenden Job ist. Danach wird im Uhrzeigersinn weiter gewürfelt sowie jeweils die Augenzahl auf dem Spielfeld mit der eigenen Puppe gesetzt. Auf den Ereignis-Feldern müssen die nachfolgend beschriebenen Regeln beachtet werden.

II. Regeln für die Ereignis-Felder:

1. Ohje, leider hast Du die Anzeige von Berleburger in der ZEIT vom 21.5.96 gar nicht erst gesehen und musst nun zurück zum Start.

2. Prima, Du hast die Anzeige sorgfältig gelesen und Dich entschieden, eine Bewerbung an Berleburger zu schicken. Frisch voran: Rücke 3 Felder vor!

3. Du hast keine gute Idee für eine Bewerbung und zögerst zu lange, um noch als chancenreicher Bewerber angenommen zu werden. 5 Felder zurück.

4. Deine Bewerbung ist zu fantasielos. Wenn Du spontan einen sinnvollen Satz sagen kannst, der die drei Wörter „fulminant", „Blumentopferde" und „Krankenversicherung" enthält, darfst Du trotzdem weiterspielen. Sonst eine Runde aussetzen.

5. Leider, leider haben sich auf Deinem Anschreiben zwei hässliche Rechtsschreibfehler eingeschlichen, die dem Personalleiter gar nicht gefallen. Dein linker Nachbar soll sich zwei schwierige Wörter ausdenken, die Du korrekt buchstabieren musst. Erst dann darfst Du weiter spielen. Andernfalls wird von jedem in diesem Spiel folgenden Wurf ein Zähler abgezogen.

6. So ein Anschreiben lob ich mir! Alles drin, kurz das Wesentliche, optisch gut, keine Fehler. Du darfst die eben gewürfelte Augenzahl nochmal vorrücken.

7. Dein Bewerbungsfoto sieht aber gar nicht schön aus. Wohl im Automaten gewesen, was? 6 Felder zurück wegen Sparmaßnahmen am falschen Fleck.

8. Du konntest auf die Schnelle keine neue Bewerbungsmappe finden und nimmst einfach die zurückgeschickte von der letzten Bewerbung. Hässliche Kratzspuren darauf bedeuten: eine Runde aussetzen.

9. Als regelmäßiger Spieler kennst Du die Berleburger-Palette und zeigst viel Einfühlungsvermögen. Alle anderen Mitspieler ein Feld zurück!

10. Die Zeugnisse in der Mappe sind nicht richtig sortiert, da Du Dir nicht genug Zeit genommen hast. Sortiere den folgenden Satz und Du darfst weiterspielen: „Kreis der Pferd auf herum im Ein sprang Wiese".

11. Ein Kaffeefleck von der benachbarten Tasse verhindert, dass Du den sorgfältig entworfenen Lebenslauf auch so abschicken kannst. Setze eine Runde aus und jongliere während dieser Zeit ein Glas mit Flüssigkeit auf Deiner Stirn. Dann darfst du weiter spielen.

12. Wie ärgerlich! Nach fünf Tagen kommt Deine Bewerbung zurück, da Du das Porto vergessen hattest. Das Doppelte der eben geworfenen Augenzahl zurück.

13. Ja, was haben wir den da? Eine Einladung zum Bewerbungsgespräch!!!! Stelle Deine Freude hierüber pantomimisch dar. Wenn alle Mitspieler einverstanden sind, rücke 2 Felder vor.

14. Ausgerechnet zum Gespräch bis Du unpünktlich. Wegen Dummheit 10 Felder zurück.

15. Das Gespräch liefe prima, wenn Du nur nicht so nervös wärst. Atme tief durch und sage je einmal vorwärts und rückwärts den Satz „EIN NEGER MIT GAZELLE ZAGT IM REGEN NIE". Nun kannst du weitergehen.

16. Beim Verlassen des Gebäudes von Berleburger nach dem Gespräch bist Du vor lauter Aufregung patzig zum Pförtner. Leider kennt die Tochter des Pförtners den Tennistrainer des Neffen vom Personalchef, bei dem Du soeben warst ... Alle anderen Mitspieler 2 Felder vor. Du 8 zurück.

ZIEL: Herzlichen Glücksstrumpf! Du hast den Job bei Berleburger, und er ist genauso gut, wie Du ihn Dir vorgestellt hattest.

VIEL SPASS!

[Anm.: Dazu passt ein Spielfeld mit einer durch Punkte markierten Wegstrecke und eingezeichneten Ereignisfeldern (1–16). „Start" und „Ziel" nicht vergessen.]

Durchs Internet zum neuen Job: Andere Medien nutzen

Längst haben die Formen der modernen Kommunikation in alle Bereiche unseres Alltags Einzug gehalten. Über Produktneuheiten informiert uns kurz und prägnant das Werbeplakat. Aus Radio und Fernsehen lassen wir uns mit Informationen aller Art berieseln. Wer etwas mitzuteilen hat, greift zum Telefonhörer oder schickt ein Fax, weil es schnell geht. In neuester Zeit werden Daten über ISDN drahtlos von Computer zu Computer verschickt, manche Informationen kommen bereits online übers Internet. Wer schreibt heutzutage noch Briefe? Das erscheint uns meistens als zu langsam, umständlich und zeitaufwändig.

Erstaunlicherweise ist an dem Bewerbungsprozedere dieser ganze Fortschritt scheinbar spurlos vorübergegangen. Wie vor hundert Jahren werden Anschreiben, Lebenslauf und Foto per Post verschickt. Dabei geht das Spektrum der Möglichkeiten weit über die herkömmliche Papierform hinaus. Der Wandel zur Informationsgesellschaft eröffnet vielfältige Chancen bei der Bewerbung. Fast alle Kommunikationsformen lassen sich in die Stellungssuche integrieren, wenn auch einige die konventionelle Papierform nicht völlig ersetzen können.

Wie sich Fax & Co. für Ihre Bewerbung nutzen lassen, erfahren Sie in diesem Kapitel. Die Vorschläge reichen von der Telegrammbewerbung bis zur modernsten Variante, der E-Mail-Bewerbung. Statt mit einer Stellenanzeige in der Zeitung können Sie beispielsweise im Radio oder auf einem Plakat auf Ihre Stellungssuche aufmerksam machen. Diese Methoden haben gute Aussichten auf Erfolg, wenn Sie darauf achten, dass Ihre Botschaft die erwünschten Empfänger erreicht. Überprüfen Sie vorab, ob sich im Einzugsbereich des Radiosenders mögliche und von Ihnen gewünschte Arbeitgeber befinden beziehungsweise ob Ihr Plakat an einem Ort hängt, an dem es von Stellenanbietern gesehen wird.

Bei den technischen Varianten haben Bewerbungen via Internet den besten Ruf. Hier hat die Zukunft erst begonnen. Datenautobahn und Multimedia sind wichtige Schlüsselbegriffe in der Wirtschaft geworden. Die Auswirkungen auf den Stellenmarkt sind schon heute spürbar. Das Internet hat zur Zeit weltweit mehr als 30 Millionen Teilnehmer, davon 1,3 Millionen allein in Deutschland. Besonders wenn Sie in der Medien- oder Computerbranche arbeiten möchten, ist eine Bewerbung per E-Mail eine erfolgversprechende Alternative. In allen anderen Branchen sollten Sie zunächst telefonisch erfragen, ob die empfangende Personalabteilung überhaupt über die entsprechende Hard- und Software verfügt, um eine E-Mail zu empfangen. Dasselbe gilt, wenn Sie beabsichtigen, ein Bewerbungs-CD-ROM zu verschicken. Werden die Empfänger einer Silberscheibe erst umständlich zur Gerätesuche genötigt, wird sie das nicht gerade positiv auf eine Bewerbung einstimmen.

Plakatbewerbung

Eine Plakatwand mit einer Bewerbung? Auffälliger und größer können Sie kaum auf Ihre Stellungssuche aufmerksam machen. Mit dieser Form der Bewerbung sichern Sie sich auf jeden Fall den Bonus der Überraschung, denn sie ist besonders ungewöhnlich und selten.
Für den Erfolg einer Plakataktion ist vor allem die Standortfrage von Bedeutung. An belebten Orten können Sie mit Ihrer Plakatbewerbung eine gute Wirkung erzielen. Ungünstig sind Plakatwände an stark befahrenen Straßen, wo Ihre Botschaft nur im Vorbeifahren wahrgenommen wird. Achten Sie darauf, dass die Passanten davor stehenbleiben und sich gegebenenfalls Ihre Telefonnummer oder Anschrift notieren können.
Plakatwände werden von speziellen Firmen vermietet. Um sie ausfindig zu machen, gibt es zwei Möglichkeiten. Häufig sind die Plakatwände mit den Namen der Vermietfirmen gekennzeichnet: Wenn Sie sich also eine passende Plakatwand an einem belebten Ort ausgesucht haben, brauchen Sie nur unter den entsprechenden Namen im Telefonbuch nachzuschlagen. Als weitere Möglichkeit bietet sich der Blick in die Gelben Seiten an, hier unter dem Stichwort „Werbung". Die Plakatierungsfirmen verbergen sich meistens hinter Bezeichnungen wie „Aussenwerbung", „Plakatanschlag" oder „Stadtreklame". Sie können bei diesen Firmen einzelne Plakatwände dekadenweise anmieten, eine Dekade umfasst jeweils zehn oder elf Tage. Die Preise liegen je nach Standort zwischen 8 und 21 Mark pro Tag. Frühzeitiges Anfragen ist wichtig, da die Buchungen für begehrte Standorte oft Wochen oder sogar Monate im Voraus vorgenommen werden. Zu dem von Ihnen gemieteten Zeitpunkt wird die Werbefläche von der Firma weiß abgeklebt. Bei größeren Plakatierungsfirmen können Sie mir etwas Glück auch einen farbigen Untergrund bekommen. Gelb und Rot haben die beste Signalwirkung.

Jetzt fehlt nur noch Ihre Be-Werbebotschaft. Da der Druck eines einzelnen Plakates unverhältnismäßig teuer ist, liegt die Gestaltung der Plakatwand jetzt bei Ihnen. Besonders kostengünstig wird es, wenn Sie zur Sprühdose greifen. Allerdings ist die Beschriftung einer so großformatigen Fläche nicht ganz einfach. Fragen Sie nach, ob man Ihnen vorab ein weißes Plakat zur Verfügung stellt. Sie können es dann in aller Ruhe zu Hause gestalten und anschließend zu der Werbefirma bringen, die es dann für Sie anklebt.
Wenn Sie Wert auf gedruckte Schrift legen, gibt es noch eine weitere bezahlbare Möglichkeit: Selbstklebende Schriftfolien. Sie werden von Unternehmen hergestellt, die Werbebeschriftungen machen. Dazu müssen Sie dem Unternehmen die Größe der Plakatwand und die Anordnung des Textes angeben, damit die Schriftgröße abgestimmt werden kann. Achten Sie bei der Anbringung darauf, dass die Schrift gerade klebt. Wasserwaage mitnehmen!
Für Form und Inhalt Ihrer Suchbotschaft gelten im Wesentlichen die gleichen Grundregeln wie für eine Stellensuchanzeige, die ja auch nichts anderes ist, als eine Werbung um einen Arbeitsplatz. Besonders wichtig ist bei einer Plakatbewerbung eine aufmerksamkeitsstarke Überschrift. Aus ihr sollte bereits hervorgehen, dass es sich um ein Stellengesuch handelt. Schreiben Sie die Überschrift besonders groß auf Ihr Plakat, damit man Sie auch im Vorübergehen, auch aus der Entfernung wahrnehmen kann. So erreichen Sie, dass Passanten auf Ihre Botschaft aufmerksam werden und stehen bleiben, um sie zu lesen. Nennen Sie dann Ihre genaue Berufsbezeichnung, Alter, wichtige Kenntnisse und Fähigkeiten und den exakt gesuchten Aufgabenbereich. Zum Schluss folgt Ihre Adresse oder Telefonnummer. Falls Sie keine privaten Daten nennen möchten, können Sie auch für die Dauer Ihrer Plakataktion ein Postfach mieten.
Zwei Textbeispiele:

Sie suchen eine Industriekauffrau?
Sachbearbeiterin, 33 Jahre, flexibel und belastbar, möchte sich beruflich verändern.

Ich biete
langjährige Berufserfahrung
perfekte PC-Kenntnisse (Winword, Excel, SAP R/3, Access) gute Englischkenntnisse
und **Ihnen meine tatkräftige Unterstützung.**
Zuschriften erbeten unter Postfach 27 83, 44147 Dortmund

Ehrgeiziger Abiturient sucht Ausbildungsplatz

Mein Ziel:	Ein Ausbildungsplatz auf dem Gebiet EDV, Informatik, Netzwerk bzw. alles, was mit Computern zusammenhängt.
Meine Stärken:	Mathematik, Informatik
Meine Schwächen:	schwäbischer Dialekt (noch!!)
Mein Alter:	19 Jahre

Ich freue mich auf Ihr Angebot:
Markus Werner, Postfach 12 48 45, 72070 Tübingen

Faxbewerbung

Immer häufiger ersetzt das Fax im modernen Büroalltag die klassischen einkuvertierten Briefe, denn es ist schneller und billiger als der herkömmliche Postweg. Auch bei der Stellungssuche kann es erfolgreich eingesetzt werden: Immer dann, wenn Sie schnell und gezielt auf sich aufmerksam machen wollen. Eine vollständige Bewerbungsmappe kann ein Fax in der Regel nicht ersetzen, aber es lässt sich in jeder Phase der Bewerbung wirkungsvoll nutzen. Ein Fax können Sie beispielsweise in folgenden Situationen versenden:

- als Ankündigung Ihrer Bewerbung, wenn in der Anzeige signalisiert wird, dass dringend ein Mitarbeiter gesucht wird.
- als Kurz- oder Blindbewerbung, wenn Sie in einer schnelllebigen Branche arbeiten, in der häufig kurzfristig

neue Mitarbeiter gesucht werden, zum Beispiel in der Medien- und Werbebranche.
- als Nachfass-Fax, wenn Sie Ihre Bewerbungsunterlagen bereits verschickt haben und nach einem gewissen Zeitraum noch einmal auf sich aufmerksam machen möchten.

Wie für das gesamte Bewerbungsprozedere gilt auch hier: Je aussagekräftiger und individueller Sie Ihr Fax gestalten, desto größer ist die Aussicht auf Erfolg. Auf den Faktor Schnelligkeit setzte beispielsweise die Bewerberin einer Werbeagentur. Sie ging besonders keck vor, setzte alles auf eine Karte und verschickte ein Fax, in dem sinngemäß stand: Ich bin in zehn Minuten persönlich bei Ihnen. Das machte Eindruck und die Bewerberin erhielt die Gelegenheit, sich persönlich vorzustellen.
Eine besonders pfiffige Idee hatte eine Grafikerin: Sie schrieb ihren Text quer über mehrere DIN-A4-Seiten. Der Clou dabei: Es werden vier einzelne Seiten gefaxt. Der Empfänger muss dann die Seiten zusammenlegen, um den Text lesen zu können. Innerhalb einer Woche erhielt die Bewerberin daraufhin zwei Einladungen zu Vorstellungsgesprächen.
➔ Beispiel 1

Internet und Stellensuche

Millionen von Unternehmen nutzen das neue Verbindungssystem weltweit. Es gilt als innovatives Statussymbol, über eine E-Mail-Adresse zu verfügen. Nicht nur Betriebe aus der Computer- oder Multimedia-Branche, sondern auch Großunternehmen anderer Branchen nennen neuerdings in ihren Stellenanzeigen auch die Adresse ihres elektronischen Postfachs oder präsentieren sich online. Bisher sind allerdings erst etwa 30 Prozent der deutschen Unternehmen darauf eingestellt, elektronische Offerten zu empfangen. Doch der Zeiger steht auf Wachstum.
Zur Zeit geht die Reise auf der Datenautobahn für Stellungssuchende vor allem in eine Richtung: Sie haben bequemen Zugang zu Daten und Fakten. Die meisten Großunternehmen sind inzwischen per Online-Dienst für Bewerberinformationen verfügbar, beispielsweise große Bankinstitute und Automobilhersteller. Auf den Homepages findet man neben allgemeinen

Informationen über die Firma auch immer häufiger die jeweiligen Stellenangebote. Andere Unternehmen platzieren ihre Stellenangebote auf den Angebotsseiten elektronischer Jobvermittler.
Die Jobsuche im Internet bietet eine interessante Alternative zu der Auswertung der Stellenanzeigen in den Zeitungen. Schon jetzt wimmelt es im Netz der Netze von Jobbörsen, in denen durchaus nicht nur Informatiker gesucht werden.
Die Bandbreite ist wesentlich größer, sie reicht von journalistischen Berufen bis zu Führungskräften in der Industrie, von der WDR-Jobbörse über den Zeit-Stellenmarkt bis zu den Stellenangeboten des Handelsblatt-Verlages „Karriere direkt". Den bei weitem größten Stellenmarkt im Internet verwaltet das Arbeitsamt. Der Stellen-Informations-Service (SIS) enthält über 200 000 Stellenangebote aus allen Branchen.
Aber Vorsicht: Nicht jede auf dem Bildschirm erscheinende Stelle verweist auf einen freien Arbeitsplatz. Die Informationen werden teilweise nur unregelmäßig aktualisiert. Daher der Tipp: Kontaktieren Sie das Unternehmen vorab telefonisch, ob die Stelle auch noch frei ist.
Hier eine kleine Auswahl der wichtigsten und interessantesten Jobbörsen im Internet:

- http://www.arbeitsamt.de
  Stellen-Informations-Service (SIS) des Arbeitsamtes, alle Branchen
- http://www.jobs.zeit.de
  Stellenmarkt der „Zeit", fast 20 000 überregionale Stellenangebote, die nach Stichworten geordnet und mit zahlreichen Links versehen sind
- http://www.karrieredirekt.de
  Stellenmarkt der Verlagsgruppe Handelsblatt
- http://www.netzmarkt.de/jobs
  Stellenbörse des ersten deutschen Internetkaufhauses
- http://www.jobnet.de
  Branchenübergreifende Offerten, mit Extrapage für Studenten und Hochschulabsolventen

- http://www.iqanzeigen.de
  Jobbörse des Online-Anzeigenblattes IQ
- http://www.jobs.adverts.de
  Jobs & Adverts Online-Anzeigen-Service
- http://www-wdr.de/jobs
  WDR-Jobbörse
- http://www.stellenmagazin.de
  Das Stellenmagazin Online
- http://www.jobware.de
  Nationale und internationale Angebote aus allen Branchen
- http://www.channel-one.de/html/jobs.html
  Jobworld-Stellenmarkt
- http://www.businesschannel.de
  Job & Karriere, Führungskräfte-Stellenmarkt von der Personalberatung Kienbaum und der Wirtschaftszeitschrift Capital

Wenn Sie ein interessantes Angebot gefunden haben, können Sie sich in Ihrem Anschreiben auf das Internet beziehen. Sie haben dann gleich einen originellen Aufhänger für Ihr Anschreiben und zeigen, dass Sie sich mit den neuen Medien auskennen. Das werden viele Unternehmen bereits als ein Qualifikationsmerkmal anerkennen.

Auch wenn Sie sich keinen eigenen Internet-Anschluss zulegen wollen, können Sie diese Möglichkeit nutzen. In allen größeren deutschen Städten schießen derzeit die sogenannten Internetcafés wie die Pilze aus dem Boden. Hier stehen Interessierten Computer mit der entsprechenden Hard- und Software gegen ein Entgelt zur Verfügung. Manche bieten auch Einsteigerkurse für Neulinge an. Wer im Internetcafé online gehen will, zahlt zwischen 6 und 12 Mark für eine Stunde. Es kann sich auch lohnen, in Bibliotheken nachzufragen, die zum Teil Terminals für den öffentlichen Gebrauch zur Verfügung stellen. Ein weiterer unkomplizierter Weg ins Internet führt über die Universitäten. Studenten und Angestellte der Unis können oft über ihr Institut und das an die Uni angeschlossene Rechenzentrum einen Internet-Zugang bekommen.

<u>Stellengesuch im Internet</u> Wer ein festes Arbeitsverhältnis sucht, kann im Internet selber aktiv werden und ein Stellengesuch aufgeben. Unter den Stichworten „Stellengesuch" finden Sie Einträge von Jobvermittlern, die auch Ihre Anzeige aufnehmen. Bei der Vielzahl der privaten Jobvermittler ist es nicht einfach, die Spreu vom Weizen zu trennen. Nicht alle arbeiten gleich sorgfältig. Wenn die Angebotsseiten tage- oder sogar wochenlang unverändert bleiben, ist das kein gutes Zeichen. Bevor Sie Ihre Anzeige aufgeben, sollten Sie durch mehrfache Stichproben überprüfen, ob die Anzeigen laufend überarbeitet werden. Jede einzelne Anzeige sollte mit dem Erscheinungsdatum versehen sein; gute Jobvermittler geben auch das letzte Überarbeitungsdatum Ihres Angebotes an.
Verglichen mit den Kosten für ein Stellengesuch in der Tagespresse sind die Kosten für eine Internetanzeige gering. In vielen Jobbörsen können Sie Ihre Anzeige sogar kostenlos veröffentlichen, beispielsweise in der Netzmarkt-Stellenbörse, bei AbsolWeb und bei Jobs & Adverts. Der Weg zur elektronisch geschalteten Anzeige führt – wie könnte es anders sein – über das Internet. Die meisten virtuellen Jobvermittler bieten vorgefertigte Masken, die der Stellungssuchende am Bildschirm nur auszufüllen braucht. Wie andere Stellenanzeigen auch wird Ihr Gesuch nur erfolgreich sein, wenn es die notwendigen Angaben enthält. Zum Textinhalt gehören genaue Angaben über Ihre Qualifikationen ebenso wie der gesuchte Aufgabenbereich. Da eine Internetanzeige überregional gelesen wird, sollten Sie nicht vergessen, den bevorzugten Einsatzort anzugeben.

<u>E-Mail-Bewerbung</u> Die Bedeutung der elektronischen Post für den betrieblichen und weltweiten Informationsaustausch wächst rasant und gewinnt auch für das Bewerbungsthema an Bedeutung. Einen elektronischen Brief zu schreiben ist so einfach wie die Korrespondenz auf Papier, nur viel schneller. Binnen Minuten erreicht eine E-Mail den Empfänger, der sie per Mausklick aus dem elektronischen Postfach auf seinen Bildschirm holen und ausdrucken kann.
Immer mehr Firmen nutzen das neue Verbindungssystem. Direkt per E-Mail bewerben, das ist derzeit in Deutschland noch nicht bei vielen Firmen möglich. Doch die Bereitschaft der Personalverantwortlichen wächst, auch elektronische Bewerbungen zu empfangen und ernst zu nehmen. Richtig liegen Sie mit einer E-Mail-Bewerbung vor allem in der Computerbranche

und im Medienbereich, also dort, wo von den Bewerbern auch im Beruf ein Umgehen mit neuen Medien erwartet wird. Wenn Sie sichergehen wollen, dass Ihre E-Mail-Bewerbung willkommen ist, fragen Sie bei den Unternehmen an, ob ihnen diese Art der Kommunikation angenehm ist. Oder Sie wählen die Kompromisslösung und schicken eine E-Mail, in der Sie sich kurz vorstellen und die Zusendung einer „klassischen" Bewerbung ankündigen.
Viele Personalchefs halten immer noch lieber eine gut gestaltete Bewerbungsmappe mit Foto in Händen, die sie auch nach ihrer Aufmachung beurteilen können. Und genau hier liegt der Nachteil des neuen Mediums. Sie haben bei einer E-Mail nicht die Gestaltungsmöglichkeiten, die eine gute Schreibmaschine oder ein PC bieten. Formal wirken elektronische Briefe eher spartanisch. Daher gilt: Der Text einer E-Mail-Bewerbung muß besonders überzeugend wirken. Das geschriebene Wort ist das einzige Mittel, das Ihnen zur Verfügung steht.
Wenn es Ihnen besonders wichtig ist, auch optisch gut „'rüberzukommen" , gibt es noch eine weitere Möglichkeit: Sie können mit einem entsprechenden E-Mail-Programm auch Anlagen, sogenannte Attachments, versenden. Dem kurzen Begleitschreiben kann auf diese Weise eine komplette, gut gestaltete Bewerbung beigefügt werden, die in einem komfortablen Textverarbeitungssystem geschrieben wurde. Dokumente mit Originalunterschrift und Bilder lassen sich ebenfalls beifügen. Bisher machen nur wenige Bewerber von dieser Möglichkeit Gebrauch. Vorausgesetzt die Technik stimmt, ist es ganz einfach: Man schreibt die E-Mail, hängt eine Datei an und verschickt das ganze „Paket".
➔ Beispiele 3, 4, 5, 6

Radiobewerbung

Neben der Stellenanzeige in der Zeitung ist die Suchnachricht im Radio eine gute Möglichkeit, auf Ihre Stellungssuche aufmerksam zu machen. Leider ist die Bewerbung via Radio derzeit nicht bei vielen Sendern im Programm vorgesehen. Zwar nehmen sich einige Sender des Themas Stellungssuche an, doch meistens handelt es sich um sogenannte Jobbörsen, die in Zusammenarbeit mit dem Arbeitsamt entstehen. Private Stellengesuche sind in diesen Jobbörsen ebensowenig willkommen wie private Arbeitsangebote. Hier werden ausschließlich Stellen bekannt gegeben, die dem Arbeitsamt gemeldet sind.

Doch keine Regel ohne Ausnahme: Es gibt auch lokale Sender, die private Stellengesuche ins Programm aufnehmen. Da sich die Programme der Lokalsender ständig ändern, lohnt sich eine Nachfrage. Wenn Sie also diese Form der Bewerbung nutzen wollen, suchen Sie sich die privaten Radiostationen im passenden Sendegebiet heraus und rufen Sie dort an. Man wird Sie in der Regel freundlich darüber informieren, ob eine Möglichkeit besteht, Ihr Stellengesuch zu veröffentlichen und zu welchen Konditionen. Solche positiven Ausnahmen gibt es beispielsweise in Hamburg und Weimar: Bereits seit mehreren Jahren haben die „Jobbörse" von Radio Hamburg und der „Arbeitsmarkt" der Antenne Thüringen einen festen Sendeplatz im Vormittagsprogramm. Private Angebote und Gesuche werden in der Redaktion gesammelt, aufbereitet und moderiert. Zwischen drei und fünf Beiträge – Angebote und Gesuche – werden von Montag bis Freitag über den Sender bekannt gegeben. Bei der „Antenne Thüringen" ist dieser Service für Unternehmen und Stellungssuchende kostenlos. In Hamburg werden die Anbieter derzeit mit 395 Mark zur Kasse gebeten. Diese Form der Arbeitsvermittlung hat sich bewährt und der Erfolg gibt den Radiomachern recht. Das Angebot wird von den Hörern so gerne in Anspruch genommen, dass Wartezeiten von zwei bis vier Wochen die Regel sind.
Und so kann ein Jobgesuch im Radio, hier ein Beispiel von Radio Hamburg, aussehen (In Klammern stehen Geräusche, die eingespielt werden):

> *(Auto springt nicht an, Werkstatt-Atmosphäre)* Mit widerspenstigen Automotoren und der Einrichtung und Montage von Werkstätten hat sich Stefan Strothmann inzwischen lange genug beschäftigt. Er hat eine Ausbildung als Kfz-Mechaniker hinter sich und hat danach weitere fünf Jahre als Maschinen-Einrichter in einer Dreherei gearbeitet sowie vier weitere Jahre als Service-Monteur. So ganz lassen ihn die Abgase und Verladebrücken zwar *(Auspuff röhrt)* noch nicht aus den Klauen, aber Herr Strothmann würde sein handwerkliches Fachwissen jetzt gerne im Außendienst einsetzen. Wenn Sie Herrn Strothmann einen entsprechenden Job anbieten möchten, rufen Sie ihn an unter 4 55 47 72.

Und noch eine weitere Möglichkeit soll hier nicht unerwähnt bleiben: Sie können auch versuchen, Werbeminuten zu buchen. Dazu gehört Mut und Hartnäckigkeit, da die meisten lokalen Sender mit dieser Form der Bewerbung noch keine Erfahrung gemacht haben. Sie müssen in diesem Fall Ihre Botschaft selber formulieren und sprechen. Wenn Sie darin keine Erfahrung haben, sollten Sie sich der Unterstützung der Redaktion versichern, damit Sie wirkungsvoll über den Sender kommen. Je nachdem, zu welcher Sendezeit Sie Ihr Gesuch veröffentlichen, liegen die Kosten bei den Privatsendern zwischen 3 und 20 Mark pro Sekunde. Da Sie etwa eine halbe Minute benötigen, um Ihre Botschaft zu sprechen, müssen Sie mit Kosten um 100 Mark zu den billigen Zeiten und bis zu 600 Mark während der abendlichen Rushhour rechnen, wenn besonders viele Hörer eingeschaltet haben.

CD-ROM und Bewerbung

Wer sich von seinen Mitbewerbern abheben will, liegt mit einer CD-ROM richtig, denn der Neuheitseffekt dieser Bewerbungsform ist besonders hoch. Dieses Medium bietet die Möglichkeit, nicht nur die vollständigen Bewerbungsunterlagen zu speichern, sondern zusätzlich Arbeitsproben in Form von Computeranimationen, eingescannten Arbeitsproben oder eine ganze Diplomarbeit beizufügen – und das alles ohne riesige Stapel von Papier zu verschicken. Auf einer CD-ROM hat sogar ein komplettes Bewerbungsvideo Platz. Insofern kommen Sie dem Wunsch der Personalverantwortlichen nach einer „schlanken", platzsparenden Bewerbung entgegen.

Wenn die CD-ROM dennoch im Bewerbungsgeschehen eine eher untergeordnete Rolle spielt, so liegt das an den technischen Hürden. Da es sich um ein relativ junges Speichermedium handelt, hat noch längst nicht jeder einen entsprechend ausgestatteten Computer zu Hause, noch weniger Bewerber sind in der Lage, CDs selber zu brennen. Das gleiche Problem stellt sich auf Empfängerseite. Nur wenige Personalabteilungen verfügen bislang über ein CD-ROM-Laufwerk.

Die Prognosen sind jedoch positiv. Die Zahl der Anwender wird kontinuierlich steigen, ein CD-ROM-Laufwerk wird langfristig zu den fixen Bestandteilen eines Computers gehören und was momentan noch wie Zukunftsmusik klingt, beispielsweise die Erstellung eines multimedialen Lebenslaufs im Rahmen einer Bewerbung, wird bereits um die Jahrtausendwende einer großen Zahl von Anwendern möglich sein.

Doch zurück zur Gegenwart: Die CD-ROM hat im Bereich der Bewerbung besonders in der Werbe- und Multimedia-Branche bereits deutlich an Bedeutung zugenommen. Schon jetzt wird sie von Bewerbern genutzt, die ihre multimediale Kreativität unter Beweis stellen wollen.

Für Bewerber in weniger kreativen Branchen und ohne die entsprechende technische Ausstattung gibt es momentan nur eine nennenswerte Möglichkeit, von diesem Medium Gebrauch zu machen: Sie müssen professionelle Hilfe in Anspruch nehmen. Es gibt inzwischen Personal- und Bewerbungsberatungen, die für Bewerber in mittleren und gehobenen Positionen die Herstellung einer Bewerbungs-CD-ROM anbieten. Neben den Bewerbungsunterlagen enthält diese individuelle Silberscheibe auch ein circa 10minütiges Video. Weshalb sich dieser Service vor allem für Besserverdienende eignet, wird bei einem Blick auf die Rechnung klar. Die professionelle Produktion einer CD-ROM kostet den Bewerber rund 1200 Mark. Sie sollten sich daher vorab genau überlegen, ob es in Ihrer Branche sinnvoll ist, sich mit einer CD-ROM zu bewerben.

Beispiel 1: Faxbewerbung

EILT++EILT++EILT++EILT++EILT++EILT++EILT++EILT++EILT++EILT

FAX 02 51 / 97 57 - 31

An: Antenne Münster

z.Hd. Frau Heise

Von: Peter Berends

Datum: 11. 8. 1997

Seiten: 1

Guten Morgen Antenne Münster,

Ihr Notruf „Es brennt" in der Samstagsausgabe des Münsterschen Anzeigers wurde erhört: Ich bewerbe mich bei Ihnen als Redakteurin. Meine Feuertaufe habe ich schon hinter mir. Wenn Sie es wünschen, biete ich ultraschnell professionelle Hilfe zur Bekämpfung Ihrer Brandherde. Meine Bewerbung inkl. Arbeitsproben geht heute mit Tatütata an Sie 'raus.

Grüße

EILT++EILT++EILT++EILT++EILT++EILT++EILT++EILT++EILT

EILT++EILT++EILT++EILT++EILT++EILT++EILT++EILT++EILT

Beispiel 2: Nachfass-Fax

PER FAX 02 11 / 7 55 42 13 20. September 1997

Heike Müllenberg
Lange Str. 127
41460 Neuss
Tel. 0 21 31/82 58 99

Westdeutsche Landesbank
Herr Brüggemann
Bodanstr. 12-14

40199 Düsseldorf

Bürokraft mit Fremdsprachenkenntnissen
Meine Bewerbung vom 6.9.1996

Sehr geehrter Herr Brüggemann,

ich hoffe, meine Bewerbung hat Ihnen deutlich gemacht, dass mir die ausgeschriebene Stelle in besonderem Maße zusagt. Daher bin ich natürlich neugierig zu erfahren, ob ich bei Ihrer Bewerberauswahl in die engere Wahl gekommen bin.

Als Ergänzung und Entscheidungshilfe möchte ich Ihnen heute noch mitteilen, dass ich mich inzwischen für einen Weiterbildungskurs „Wirtschaftsenglisch" angemeldet habe.

Ich würde mich freuen, wenn ich mich bei Ihnen vorstellen dürfte.

Mit freundlichen Grüßen

Heike Müllenberg

Beispiel 3: Kurzbewerbung per E-Mail

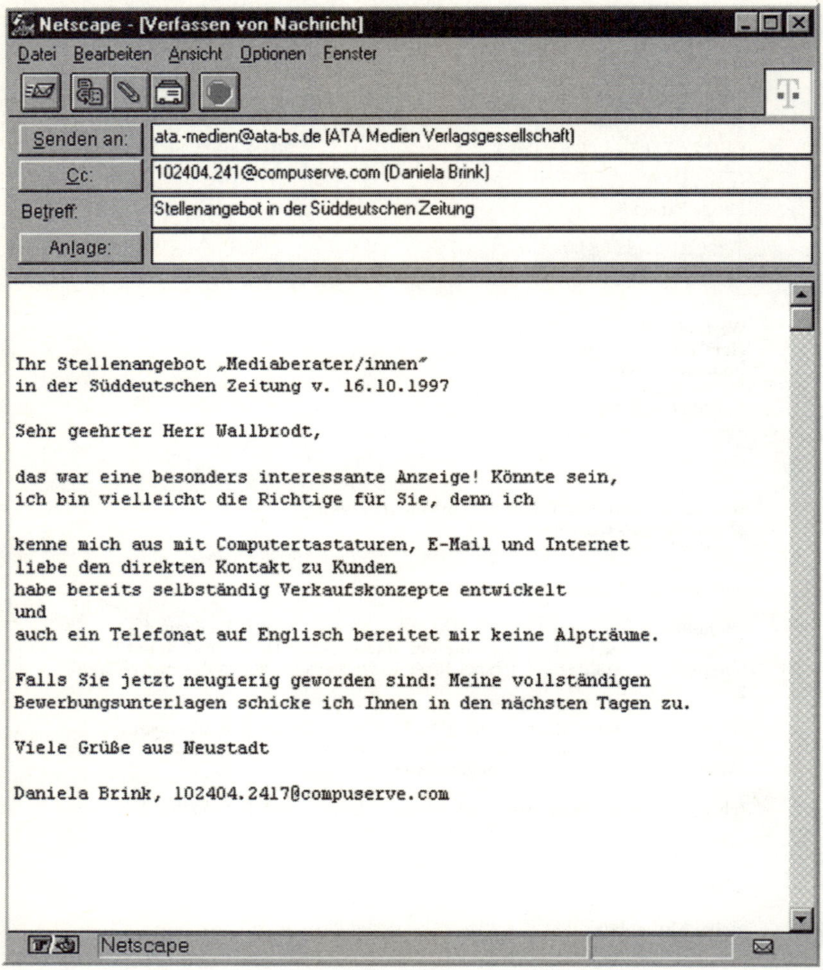

Netscape - [Verfassen von Nachricht]

Datei Bearbeiten Ansicht Optionen Fenster

Senden an: ata.-medien@ata-bs.de (ATA Medien Verlagsgesellschaft)

Cc: 102404.241@compuserve.com (Daniela Brink)

Betreff: Stellenangebot in der Süddeutschen Zeitung

Anlage:

Ihr Stellenangebot „Mediaberater/innen"
in der Süddeutschen Zeitung v. 16.10.1997

Sehr geehrter Herr Wallbrodt,

das war eine besonders interessante Anzeige! Könnte sein,
ich bin vielleicht die Richtige für Sie, denn ich

kenne mich aus mit Computertastaturen, E-Mail und Internet
liebe den direkten Kontakt zu Kunden
habe bereits selbständig Verkaufskonzepte entwickelt
und
auch ein Telefonat auf Englisch bereitet mir keine Alpträume.

Falls Sie jetzt neugierig geworden sind: Meine vollständigen
Bewerbungsunterlagen schicke ich Ihnen in den nächsten Tagen zu.

Viele Grüße aus Neustadt

Daniela Brink, 102404.2417@compuserve.com

Netscape

Beispiel 4: Blindbewerbung per E-Mail

Netscape - [Verfassen von Nachricht]

Datei Bearbeiten Ansicht Optionen Fenster

Senden an: Hellmann@apa.de

Cc: Gerd@erkner.com (Gerd Erkner)

Betreff: Bewerbung als Software-Ingenieur

Anlage: MAIL2.TXT

Sehr geehrter Herr Braam,

nach einem Studium der Nachrichtentechnik bin ich seit fünf Jahren als Software-Ingenieur in der elektronischen Entwicklungsabteilung der Bleichert Werke, einem Hersteller computergesteuerter Wäge- und Etikettiersysteme, beschäftigt. Ich suche eine neue Herausforderung, innovative Software zu entwickeln.

Ihr Unternehmen ist mir als führender Anbieter für EDV-gestützte Dienstleistungen im Apothekenmarkt bekannt. Ich kann mir vorstellen, dass meine Kenntnisse für Sie von Interesse sind:

Ich biete Ihnen folgende Voraussetzungen:
- überdurchschnittlichen Studienabschluss (Note 1,2)
- mehrjährige Berufserfahrung in der Entwicklung von Software (C/C++, Java)
- gute Kenntnisse in den Betriebssystemen Windows NT und Unix
- Know-how im Umgang und in der Vernetzung von PCs
- gute Englischkenntnisse
- Fähigkeit zur Teamarbeit

Bei Interesse sende ich Ihnen gerne meine vollständigen Bewerbungsunterlagen zu.

Mit freundlichen Grüßen

Gerd Erkner, gerd@erkner.com

Netscape

Beispiel 5: Internet-Suchanzeige (Beispiel Netzmarkt-Stellenbörse)

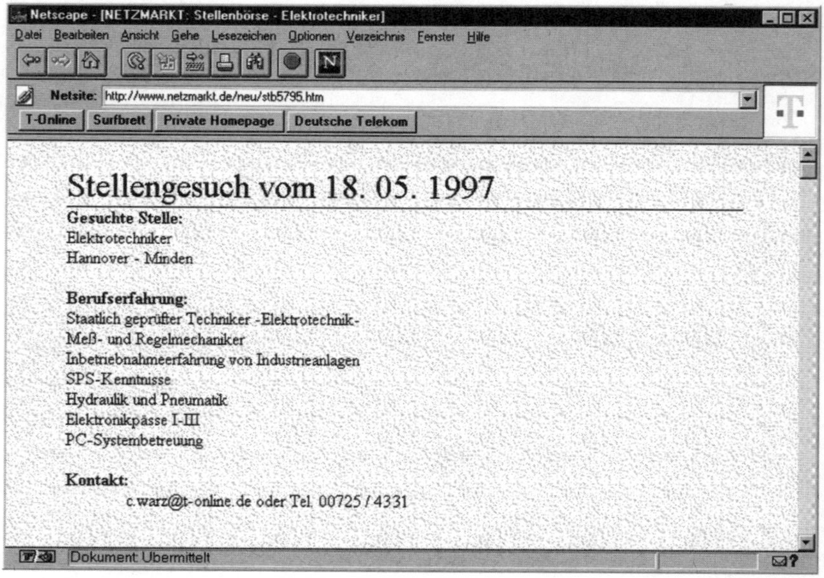

Beispiel 6: Formularseite eines Internet-Jobvermittlers

JOBWORLD
STELLENGESUCHE

Stellengesuch aufgeben

Stellengesuche sind kostenpflichtig. Bitte beachten Sie unsere Preisliste.

Geben Sie sich selbst ein Passwort für diesen Eintrag (nur notwendig, falls Sie den Eintrag **später editieren** möchten).

Passwort:

Name und Anschrift

Name:

Straße:

PLZ: Ort:

E-Mail:

Telefon:

Telefax:

Ihr Alter:

Ihr Gesuch:

Dieses Gesuch soll erscheinen in der Rubrik

Fuehrungskraefte

Sie suchen eine Stelle als:

Für den Einsatzort:

Bruttogehaltsvorstellung DM:

Vollzeit Teilzeit Freelancer

Ihre Selbstdarstellung und Ihr Lebenslauf

Ueberschrift:

4. Ihre Ausbildung

Sprachenkenntnisse (sehr gut bis fliessend)

1. [/ ▼] 2. [/ ▼]

Sonstige: [ ]

Sprachenkenntnisse (normal)

1. [/ ▼] 2. [/ ▼]

Sonstige: [ ]

Ausbildung
(Welcher Schulabschluss, Hochschulabschluss etc.)
1. [ ] 2. [ ]

EDV-Kenntnisse
Softwarekenntnisse für folgende Programme
1. [ ] 2. [ ]

Hardwarekenntnisse für folgende Systeme
1. [ ] 2. [ ]

Sonstige Kenntnisse
1. [ ] 2. [ ]

Möchten Sie ein **Foto** zu Ihrem Eintrag?
ja○ nein○

Falls ja:
○ Die Vorlage geht Ihnen per Post zu
○ Ich schicke Ihnen die Datei per **e-mail**

Achtung: Die Datei mu vorher codiert werden.
Mac: hqx, MacBinary oder binhex
Unix: UUcode oder UnixCompress
DOS/Win: Zip oder eines der obigen Formate.
jobload@channel-one.de.
Name der Dateien:
[ ]

Möchten Sie einen **Link zu Ihrer Homepage**?
ja○ nein○

Falls ja:
URL-Link:
[http://]
Text für Link:
[ ]
Stellengesuche sind kostenpflichtig.
Bitte beachten Sie unsere Preisliste.
[Eintrag aufgeben]

Register

Umgangsformen heute
Von H.-G. Schnitzer, 275 S.,
ca. 120 Fotos, 17 Illustrationen,
gebunden
ISBN: 3-8068-**4876**-9
Preis: DM 29,90

Gute Umgangsformen, Takt und Hilfsbereitschaft sind nicht aus der Mode gekommen – ob bei Tisch oder am Arbeitsplatz, auf der Party oder beim Besuch der Schwiegermutter. Dieses nach Sachthemen gegliederte Handbuch versteht sich eher als Verhaltensempfehlung denn als „Benimm"-Vorschrift.

ABC der modernen Umgangsformen
Von I. Wolff, 222 S.,
132 zweifarbige Zeichnungen,
gebunden
ISBN: 3-8068-**4754**-1
Preis: DM 29,90

Umgangsformen – wir alle brauchen sie täglich. Aber wie das Leben, wandeln sich auch die Regeln des Zusammenlebens. Für alle, die eine klare und verlässliche Antwort auf die Frage „Was ist angebracht?" suchen, ist dieses Lexikon eine wertvolle Hilfe.

Der gute Ton im Privatleben
Von R. Bartels, 104 S.,
50 s/w-Zeichnungen, kartoniert
ISBN: 3-635-**60097**-0
Preis: DM 12,90

Die Spielregeln für den zwischenmenschlichen Umgang haben sich gewandelt, geblieben ist jedoch die Forderung, sich auch im Privatleben um rücksichtsvolles Verhalten zu bemühen. Dieser Ratgeber berät Sie in allen Fragen, die sich im modernen Miteinander ergeben.

Business-Knigge von A bis Z
Von I. Wolf, 152 S.,
zweifarbig, gebunden
ISBN: 3-8068-**4887**-4
Preis: DM 39,90

Von **A** wie Abendkleidung bis **Z** wie Zwischenbescheid – dieser Berufsknigge gibt zeitgemäße Empfehlungen für stilsicheres und korrektes Auftreten im Berufsleben. In 150 ausführlichen Stichwortartikeln kommt „der gute Ton" zu Wort; denn der spielt eine immer wichtigere Rolle für Karriere und Betriebsklima.

Richtig auftreten im Beruf
Von G. Teusen, 144 S.,
7 s/w Zeichnungen, kartoniert
ISBN: 3-8068-**1657**-3
Preis: DM 19,90

Eine gute Ausbildung, Selbstständigkeit und Selbstbewusstsein sind heute für die meisten berufstätigen Frauen zur Selbstverständlichkeit geworden. Unsicherheit herrscht hingegen häufig im Bereich der Umgangsformen. Woran soll frau sich orientieren? Dieser kompetente Knigge hilft und verrät, welche Verhaltensregeln zeitgemäß sind.

Krawatten
Von M. Adam, 48 S.,
vierfarbig, zahlreiche Fotos und Zeichnungen, gebunden
ISBN: 3-8068-**1519**-4
Preis: DM 14,90

Ob dezent gemustert oder farbenfroh bedruckt – mit der Krawatte lässt sich individueller Stil demonstrieren. Für alle Männer, die ihrem textilen Halsschmuck den letzten Pfiff geben wollen, ist dieser attraktiv illustrierte Ratgeber eine verlässliche Hilfe.

Eine Auswahl aus dem Verlagsprogramm

RAT UND WISSEN

Bewerbung

Bewerbungsstrategien
1027-3, von Dr. W. Reichel,
128 S., kart.
DM 14,90

Initiativbewerbungen
2107-0, von Dr. W. Reichel,
128 S., kart.
DM 16,90

Legale Bewerbungstricks
60325-2, von V. S. Rottmann,
96 S., kart.
DM 12,90

Lebenslauf und Bewerbung
60007-5, von H. Friedrich,
112 S., kart.
DM 12,90

Bewerbung um einen Ausbildungsplatz
1936-X, von P.-J. Schneider,
M. Zindel, 112 S., kart.
DM 16,90

Bewerbungserfolg trotz schwacher Zeugnisse
60157-8, von A. Schieberle,
136 S., kart.
DM 14,90

Testtrainer Einstellungstests
4999-4, von Dr. W. Reichel,
136 S., geb.
DM 15,–
(limitierter Sonderpreis)

Vorstellungsgespräche
60012-1, von H. Friedrich,
144 S., kart.
DM 11,90

Arbeitszeugnisse
1444-9, von A. Nasemann,
136 S., kart.
DM 16,90

Rechtsratgeber für Arbeitnehmer
60258-2, von U. Teschke-Bährle, 160 S., kart.
DM 16,90

Beruf/Karriere

Selbstständigkeit und freie Mitarbeit
1891-6, von T. Hammer,
Dr. W. Kiefl, 144 S., kart.
DM 19,90

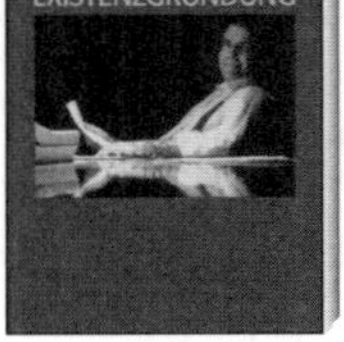

Erfolgreiche Existenzgründung
60285-X, von N. Rentrop,
192 S., kart.
DM 19,90

FALKEN Reihe: FALKEN & PITMAN MANAGEMENT
Ausstattung: zwischen 184 S. und 248 S., Broschur
Preis: **DM 39,90**
4972-2 Die ersten 100 Tage als Chef
4973-0 Erfolgreiches Zeitmanagement
4976-5 Richtig delegieren
4971-4 Erfolgreiche Verhandlungstaktiken
4975-7 Die perfekte Präsentation

4974-9 Meetings erfolgreich steuern
7331-3 Marketing – eine Einführung
7329-1 Erfolgreich im Management
7330-5 Basiswissen für Führungskräfte
7328-3 Mitarbeitermotivation durch Empowerment
7362-3 Das souveräne Verhandlungsgespräch
7361-5 Erfolgsgeheimnis Teambildung

Lernhilfen/Schule

Erfolgreich im Beruf mit NLP
60288-4, von K. Grochowiak,
S. Haag, 104 S., kart.
DM 12,90

Handbuch Mathematik
4964-1, von W. Scholl,
R. Drews, 848 S., geb.
DM 69,90

Englische Grammatik
7341-0, von E. Henrichs-Kleinen, 288 S., geb.
DM 39,90

Gedächtnistraining mit Eselsbrücken
60060-1, von W. Ettig,
96 S., kart.
DM 12,90

Buchführung leicht gefaßt
60091-1, von H. R. Pohl,
104 S., kart.
DM 12,90

Schreiben lernen mit Schreibmaschine und PC
60055-5, von O. Fonfara,
112 S., kart.
DM 9,90

Kostenrechnung leicht gemacht
4826-2, von D. Machenheimer, 240 S., geb.
DM 39,90

FALKEN Reihe: Schülerhilfe
Ausstattung: zwischen 64 S. und 172 S., kartoniert
Preis: zwischen **DM 14,90** und **DM 29,90**
1834-7 Die neue deutsche Rechtschreibung
1890-9 Deutsche Grammatik
1783-9 Aufsatz
1623-9 Bruchrechnen
1569-0 Geometrie

1709-X Prozent- und Zinsrechnung
1570-4 Gleichungen und Ungleichungen

1888-6 Wurzeln und Potenzen
1624-7 English Pronouns
1574-7 English Tenses
1784-7 If-Clauses & Co.

Recht/Wirtschaft/ Steuern

Was kostet mein Recht?
60234-5, von J. Mosler, 104 S., kart.
DM 12,90

Recht für Mieter
1932-7, von M. Gaida, 304 S., kart.
DM 29,90

Der FALKEN Bauherren-Ratgeber
4888-2, von W. Jung, B. W. Klöckner, 352 S., kart.
DM 39,90

Ihr Recht als Vermieter
60243-4, von R. Richter, P. J. Schneider, A. Pollert, 208 S., kart.
DM 16,90

Eheverträge
60037-7, von T. Münster, 226 S., kart.
DM 19,90

Erziehungsgeld, Mutterschutz, Erziehungsurlaub
60014-8, von J. Grönert, 192 S., kart.
DM 19,90

Scheidung und Unterhalt
60015-6, von T. Drewes, 220 S., kart.
DM 19,90

Gesetzliche und private Altersvorsorge
1847-9, von D. Rehahn, H. A. Reichel, W. Schöttler, 192 S., kart.
DM 24,90

Wie hoch wird meine Rente?
60209-9, von K. Möcks, A. Schmitt, 160 S., kart.
DM 16,90

Erbschaftsteuer aktuell
60324-4, von W. Ludwig, 128 S., kart.
DM 14,90

Testament und Erbschaft
2111-9, von T. Drewes, R. Hollender, 296 S., englische Broschur
DM 29,90

Vermögensbildung mit Immobilien
1712-X, von W. Schwanfelder, 144 S., kart.
DM 24,90

Erfolg mit Aktien
1663-8, von A.-S. Rühle, 128 S., kart.
DM 16,90

Keine Angst vor dem Finanzamt
60064-4, von H. Vogt, 132 S., kart.
DM 16,90

Korrespondenz und Rhetorik

Der neue Briefsteller
60002-6, von I. Wolter-Rosendorf, 130 S., kart.
DM 12,90

Briefe und Reden für den Trauerfall
1789-8, von U. Wetter, 112 S., kart.
DM 16,90

Modernes Redetraining
1575-5, von Prof. Dr. R. Brehler, 120 S., kart.
DM 19,90

Körpersprache
60096-2, von H. Rückle, 96 S., kart.
DM 12,90

Reden für Familienfeiern
60281-7, von G. Kurz, 112 S., kart.
DM 12,90

Lebensstil und Umgangsformen

Kreative Wohnideen
4889-0, von T. Eichhorn, 128 S., geb.
DM 39,90

Farbberatung für die Wohnung
4743-6, von G. Watermann, 128 S., geb.
DM 49,90

300 neue Frisuren
7359-3, von S. Ehlers, 128 S., geb.
DM 29,90

Krawatten
7319-4, von F. Chaille, 180 S., geb., mit Schutzumschlag
DM 89,90

Tücher und Schals perfekt binden
1898-3, von E. Weber-Lorkowski, 48 S., kart.
DM 14,90

Umgangsformen heute
4876-9, von H.-G. Schnitzer, 256 S., geb.
DM 29,90

Der gute Ton im Privatleben
60097-0, von R. Bartels, 104 S., kart.
DM 12,90

Feste feiern

Das große FALKEN-Buch zur Märchenhochzeit
7360-7, von A. Körner, C. Ziegler, ca. 224 S., geb.
ersch. Juni 1998
ca. DM 49,90

Hochzeitsfeste mitgestalten
1790-1, von A. Wilke, B. Ha
104 S., kart.
DM 19,90

Tischdekorationen für die Hochzeit
1825-8, von H. Grob, A. Henseler u.a., 64 S., kart.
DM 19,90

Blumenschmuck für das Brautpaar
4881-5, von H. Grob, A. Henseler u.a., 80 S., geb.
DM 29,90

Neue Hochzeitsreden
60158-6, von S. Harland 112 S., kart.
DM 12,90

Feste feiern
4825-4, von C. Kast, 128 S., geb.
DM 39,90

Die neue Glückwunschfibe
60031-8, von R. Christian-Hildebrandt, 106 S., kart.
DM 9,90

Astrologie/Esoterik

Kinderhoroskop
60242-6, von W. Noé, 152 S., kart.
DM 14,90

Liebes-Horoskop
60297-3, von W. Noé,
128 S., kart.
DM 12,90

Chinesisches Horoskop
60006-7, von G. Hadden-
bach, 86 S., kart.
DM 9,90

Das Indianische Horoskop
60294-9, von W. Noé,
128 S., kart.
DM 14,90

Wahrsagetechniken
60373-2, von G. Hadden-
bach, 144 S., kart.
DM 14,90

I Ging
60253-1, von R. Sorrell,
A. M. Sorrell,
224 S., kart.
DM 19,90

Reiki
60247-7, von B. Glaser,
U. Vogt, 128 S., kart.
DM 14,90

Traumdeutung
60045-8, von G. Hadden-
bach, 172 S., kart.
DM 12,90

UFOs über Deutschland
60319-8, von M. Hesemann
208 S., kart.
DM 19,90

Geheimlehren
60236-1, von N. Drury,
G. Tillet, 144 S., kart.
DM 16,90

Schutzengel
60333-3, von T. Keller,
D. Taylor, 144 S., kart.
DM 16,90

Auto/Führerschein

Der neue Verwarn- und Bußgeldkatalog
60292-2, von F. Littek,
126 S., kart.
DM 12,90

Der Test-Knacker bei Führerscheinverlust
2113-5, von T. Rieh,
128 S., kart.
DM 19,90

Prüfungsfragen und Prüfungsbogen für den Führerschein Kl. 3
1490-2, 104 S., kart.
DM 19,90

Trennkost

Trennkost für 1 Person
4851-3, von U. Summ,
112 S., geb.
DM 29,90

Trennkost leichtgemacht für Berufstätige
4890-4, von U. Summ,
128 S., geb.
DM 29,90

Das große Buch der Trennkost
4498-4, von U. Summ,
128 S., geb.
DM 29,90

Das Beste aus Ursula Summs Trennkost-Küche
4985-4, von U. Summ,
160 S., geb.
DM 29,90

Trennkost aus ärztlicher Sicht
60259-0, von Dr. med.
T.-M. Heintze, 84 S., kart.
DM 12,90

Erfolgreich schlank durch die Trennkost-6-Wochen-Kur
1968-8, von U. Summ,
104 S., kart.
DM 19,90

Die aktuelle Trennkost-Tabelle
1871-1, von U. Summ,
80 S., Flexcover
DM 14,90

Länderküche

Provence
7365-8, von U. Skadow,
S. Dickhaut, 224 S., geb.,
mit Schutzumschlag
DM 49,90

Italienische Küche
4830-0, von M. Kaltenbach,
R. Simeone, 224 S., geb.,
mit Schutzumschlag
DM 49,90

Chinesische Küche
7304-6, von H. Fu-Lung,
224 S., geb.,
mit Schutzumschlag
DM 49,90

Thailand
4945-5, von B. Aepli,
128 S., geb.,
mit Schutzumschlag
DM 34,90

Indien
7370-4, von S. Dhawan,
128 S., geb.,
mit Schutzumschlag
DM 39,90

Englische Landhausküche
4981-1, von D. Watkins,
J. J. Watkins, 128 S., geb.,
mit Schutzumschlag
DM 39,90

Amerikanische Küche
7308-9, von C. Stevenson Jr.,
P. Niebergall, 128 S., geb.,
mit Schutzumschlag
DM 39,90

Kochen

Unsere Kochschule
4959-5, von M. Kaltenbach,
F. W. Ehlert, 306 S., geb.
DM 25,–
(limitierter Sonderpreis)

FALKEN Reihe: Rezepte! Rezepte!! Rezepte!!!
Ausstattung: 96 S., kart.
Preis: **DM 16,90**
1937-8 Krabben, Garnelen & Co.
1994-7 Chili, Peperoni & Co.
1944-0 Pastinaken, Kürbis & Co.

1941-6 Pizza, Quiche und Tarte
1939-4 Feta, Mozzarella & Co.
1940-8 American Cookies

FALKEN Reihe: ErlebnisKüche
Ausstattung: 128 S., geb.,
mit Schutzumschlag
Preis: **DM 34,90**
4944-7 Nudeln
4946-3 Raclette und heißer Stein
7315-1 Fondues
4984-6 Aufläufe und Gratins
4982-X Salate

Johann Lafer kocht – Neue Rezepte
7306-2, von Johann Lafer, 160 S., geb.
DM 39,90

Iß und trink und liebe
7303-8, von K. Ottenbach, 72 S., geb., mit Schutzumschlag
DM 49,90

Preiswert kochen
60025-3, von E. Fuhrmann, 136 S., kart.
DM 12,90

Vegetarische Gerichte aus aller Welt
4977-3, von A. Ilies, 224 S., geb., mit Schutzumschlag
DM 49,90

Rezepte mit Joghurt, Kefir & Co.
60068-7, von G. Volz, 104 S., kart.
DM 12,90

Vollwertküche für Genießer
4815-7, von Prof. Dr. C. Leitzmann, H. Million, 256 S., geb.
DM 39,90

Das essen Kinder gern
4978-1, von A. Brenner, 128 S., geb.
DM 29,90

Gerichte für Diabetiker
60033-4, von M. Oehlrich, 108 S., kart.
DM 12,90

Cholesterinarm kochen und genießen
4442-9, von R. Unsorg, 168 S., geb.
DM 49,90

Fettarm kochen – Abnehmen mit Genuß
4866-1, von G. Hölz, H. Million, 128 S., geb.
DM 39,90

Getränke

FALKEN Mixbuch
4733-9, Hrsg.: P. Bohrmann, 560 S., geb.
DM 39,90

Weinlexikon
4942-0, von Dr. H. Ambrosi, 384 S., geb.
DM 39,90

Meine Lieblingsweine
7364-X, von M. Broadbent, 224 S., geb., mit Schutzumschlag
DM 89,-

Wein richtig genießen lernen
4809-2, von H. Ambrosi, I. Swoboda, 128 S., geb.
DM 29,90

Mein Hobby Wein
7309-7, von R. Kriesi, 128 S., geb.
DM 34,90

Was Weinfreunde wissen wollen
7342-9, von Prof. Dr. K. Röder u.a., 192 S., geb.
DM 29,90

ElternRatgeber

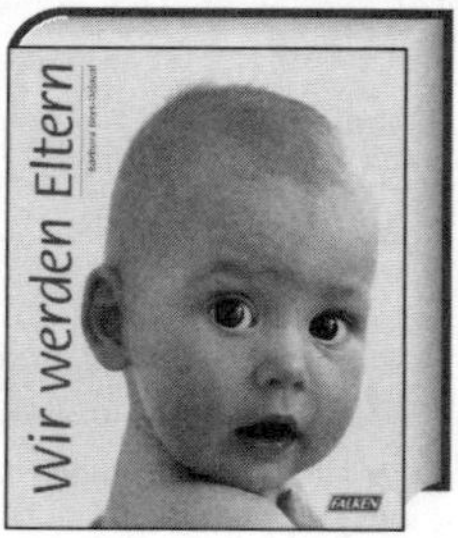

Wir werden Eltern
7353-4, von B. Nees-Delaval, 416 S., geb.
DM 39,90

Die schönsten Vornamen
4755-X, von Dr. D. Voorgang, 200 S., geb.
DM 19,90

Die Kunst des Stillens
60084-9, von Prof. Dr. med. E. Schmidt, S. Brunn, 110 S., kart.
DM 12,90

Das erste Jahr mit dem Baby
4884-X, von Dr. med. M. Weber, 144 S., geb.
DM 39,90

Wenn Kinder krank werden
7316-X, von B. Nees-Delaval, 240 S., geb.
DM 39,90

Mein Kind ist krank, so hilft die Natur
4761-4, von Dr. med. H. Wachtl, 160 S., geb.
DM 39,90

Menschen und Gesundheit

Heilpflanzen
4954-4, von A. Eckart, Dr. G. Eckert, 176 S., geb.
DM 39,90

Blütentherapie nach Dr. Bach
60019-9, von I. Wenzel, 96 S., kart.
DM 9,90

Traditionelle Chinesische Medizin
60312-0, von Dr. med. C. Kunkel, 118 S., kart.
DM 14,90

Chinesische Fünf-Elemente-Ernährung
68005-2, von Dr. med. C. Kunkel, 144 S., kart.
DM 29,90

Allergien
60057-1, von G. Leibold, 100 S., kart.
DM 12,90

Neurodermitis
1649-2, von Prof. Dr. med. phil. S. Borelli, Prof. Dr. med. J. Rakoski, 136 S., kart.
DM 24,90

Schuppenflechte
1467-8, von Prof. Dr. med. phil. S. Borelli, Prof. Dr. med. R. Engst, 102 S., kart.
DM 19,90

Teebaumöl
1878-9, von S. Poth, Prof. Dr. J. Reichling, 96 S., kart.
DM 19,90

Natürlich entgiften mit der Öl-Zieh-Kur
60391-0, von I. Hammelmann, 88 S., kart.
DM 10,90

Die sagenhafte Heilkraft der Papaya
60396-1, von H. Tietze, 80 S., kart.
DM 12,90

ISBN-Bestandteil: 3-8068- / bei Buchnummern, die mit der Ziffer 6 beginnen, lautet der ISBN-Bestandteil: 3-635-

Heilen und Vorbeugen mit Wein
60311-2, von Dr. med. F.-A. Graf von Ingelheim, I. Swoboda, 96 S., kart.
DM 14,90

Grapefruitkern-Extrakt für Gesundheit und Kosmetik
60379-1, von R. Knoller, 80 S., kart.
DM 12,90

Rheuma
60040-7, von Prof. Dr. med. K. Gräfenstein, 108 S., kart.
DM 14,90

Gymnastik für die Halswirbelsäule
1610-7, von J. Engelmann, 96 S., kart.
DM 19,90

Streß bewältigen durch Entspannung
60070-9, von Dr. med. Ch. Schenk, 122 S., kart.
DM 14,90

Positives Denken und Entspannungstechniken
60305-8, von Dr. med. C. Schenk, 112 S., kart.
DM 12,90

Augentraining
1616-6, von M. Gollub, Hrsg.: K. Haak, 96 S., kart.
DM 24,90

Massage
60038-5, von K. Schutt, 78 S., kart.
DM 12,90

Akupressur
1231-4, von F. T. Lie, 192 S., kart.
DM 29,90

Fußsohlenmassage
60036-9, von G. Leibold, 96 S., kart.
DM 11,90

Yoga
60093-8, von U. Thomsen, 104 S., kart.
DM 12,90

Sport

FALKEN Lexikon für Pferdefreunde
7352-6, von G. Wöckener, 320 S., geb., mit Schutzumschlag
ersch. Mai 1998
DM 69,90

FALKEN Reihe: Ratgeber für Reiter
Ausstattung: zwischen 128 S. und 176 S., geb. oder kart.
Preis: zwischen **DM 29,90** und **DM 39,90**
4797-5 Ich will reiten lernen
4845-9 Junge Pferde selbst ausbilden
4871-8 Reiten für Einsteiger
4716-9 Reiten auf Gangpferden
4949-8 Wie verstehe ich mein Pferd?

Golf. Die frühen Jahre
7339-9, von D. Concannon, 144 S., geb., mit Schutzumschlag
DM 69,90

Der Schwung
4784-3, von O. Heuler, 128 S., geb.
DM 29,90

Fehler & Korrekturen
4872-6, von O. Heuler, 144 S., geb.
DM 39,90

FALKEN Reihe: Sportregeln
Ausstattung: zwischen 96 S. und 128 S., kart.
Preis: zwischen **DM 16,90** und **DM 24,90**
1676-X Basketball
1674-3 Pool-Billard
2135-6 Fußball
1754-5 Eishockey
1755-3 Tennis
1807-X Badminton

Tauchen
4955-2, von S. Müßig, 128 S., geb.
DM 39,90

Tennistraining mit System
4878-5, von A. Ferrauti, P. Maier, K. Weber, 192 S., geb.
DM 49,90

Billard
1313-2, von Dr. H. Stingl, 112 S., kart.
DM 29,90

Aggressive In-Line-Skating
1836-3, von U. Sauter u.a., 96 S., kart.
DM 24,90

Snowboarding
1860-6, von A. Hebbel-Seeger, 112 S., kart.
DM 29,90

Angeln
60080-6, von E. Bondick, 80 S., kart.
DM 12,90

Tanzen
4948-X, von P. Wolff, 192 S., geb.
DM 49,90

Fitness/Gymnastik

Fitness-Boxen
1671-9, von F. Kürzel, P. Wastl, 96 S., kart.
DM 24,90

Fit mit Ayurveda
60260-4, von J. Douillard, 208 S., kart.
DM 19,90

Stretching
60085-7, von E. Kleila, 64 S., kart.
DM 9,90

Muskeltraining zu Hause
60100-4, von A. Balk, 128 S., kart.
DM 14,90

Kampfsport

Aikido
2120-8, von R. Brand, 280 S., kart.
DM 24,90

Judo
0305-6, von M. Ohgo, 206 S., kart.
DM 24,90

Karate Grundlagen
1863-0, von E. Karamitsos, B. Pejcic, 144 S., kart.
DM 29,90

25 Shotokan-Katas
2125-7, von A. Pflüger, 88 S., kart.
DM 24,90

Bruce Lee – Sein Leben und Kampf
0392-7, von L. Lee, 136 S., kart.
DM 24,90

Bruce Lees Kampfstil 1
0473-7, von B. Lee, M. Uyehara, 112 S., kart.
DM 9,90

Bruce Lees Kampfstil 2
0486-9, von B. Lee, M. Uyehara, 128 S., kart.
DM 12,90

Dynamische Tritte
1683-2, von G. Chung, C. Rothrock, 128 S., kart.
DM 16,90

Taekwondo
0347-1, von K. Gil, 152 S., kart.
DM 16,90

Ninja
1161-X, von A. Adams, 192 S., kart.
DM 19,90

Heimwerken/Technik

FALKEN Reihe: Do it yourself
Ausstattung: zwischen 80 S., und 104 S., kart.
Preis: **DM 19,90**
1665-4 Reparaturen in Haus und Garten
1159-8 Betonieren, Mauern, Fliesen
1857-6 Bäder ausbauen und modernisieren

1118-0 Sanitärinstallationen
1799-5 Fliesen legen
1855-X Tapezieren und Streichen
1841-X Dachausbau
1995-5 Innenausbau mit System
1859-2 Elektroarbeiten
1716-2 Sicherheit an der Haustür

Heimwerken
4983-8, von T. Pochert, 416 S., geb.
DM 49,90

Foto/Video

Moderne Fotopraxis
7310-0, von G. Koshofer, Prof. H. Wedewardt, 240 S., geb.
DM 49,90

Zeichnen und Malen

Kreativ zeichnen
4688-X, von B. Bagnall, 176 S., geb.
DM 39,90

Aquarellmalerei
4529-8, von Prof. W. Wrisch, 136 S., geb.
DM 39,90

Kalligraphie
1044-3, von I. Schade, 80 S., kart.
DM 19,90

Airbrush
1133-4, von C. M. Mette, 80 S., kart.
DM 19,90

Seidenmalerei

Lexikon der Seidenmalerei
4737-1, von K. Huber, 208 S., geb.
DM 49,90

Aquarellieren auf Seide
4842-4, von Shahida, 112 S., geb.
DM 39,90

Einführung in die Seidenmalerei
0611-X, von R. Henge, 88 S., kart.
DM 19,90

Malen auf Seide
4941-2, von C. Köhl, Shahida, 112 S., geb.
DM 29,90

Verschiedene Techniken

Alles aus Wellpappe
1430-9, von I. Kasperek, 64 S., kart.
DM 19,90

Landhausstil
7332-1, 128 S., geb.
DM 34,90

Artischockentechnik
1682-4, von M. von Perbandt, K. Teuber, 64 S., kart.
DM 19,90

Patchwork und Quilt
4803-3, von I. Kahmann u.a., 112 S., geb.
DM 29,90

Nähen
4709-6, von S. von Rudzinski, 176 S., geb.
DM 39,90

Perfekt Stricken
4821-1, von H. Jaacks, 224 S., geb.
DM 39,90

Töpfern ohne Scheibe
0896-1, von A. Riedinger, 80 S., kart.
DM 19,90

Dekorieren und Gestalten mit Naturmaterialien
4748-7, von E. Dommershausen u.a., 128 S., geb.
DM 29,90

Stempeln
1823-1, von E. Metz, P. Läpple, 80 S., kart.
DM 19,90

Freundschaftsbänder
1720-0, von A. Neeb, E. Walch u.a., 64 S., kart.
DM 19,90

Bücher, Alben, Schachteln selbermachen
4772-X, von P. Baumgartne
96 S., geb.
DM 29,90

Geldgeschenke und Geschenkgutscheine
1684-0, von S. Haenitsch-Weiß, 64 S., kart.
DM 19,90

Spiele/Denksport

Bridge für Einsteiger
1691-3, von B. Ludewig, 104 S., kart.
DM 16,90

Doppelkopf
1828-2, von U. Vohland, 96 S., kart.
DM 16,90

Kartenspiele
7333-X, von M. Mala, 176 S., geb.
DM 29,90

Backgammon für Einsteige
1690-5, von M. B. Fischer, E. Heyken, 104 S., kart.
DM 16,90

SPIELE UND DENKSPORT · FALKEN FÜR KINDER · GARTEN · TIERE

Patiencen
60020-2, von I. Wolter-Rosendorf, 112 S., kart.
DM 12,90

Poker
60225-6, von C. D. Grupp, 112 S., kart.
DM 12,90

Schach für Einsteiger
1724-3, von E. Heyken, 120 S., kart.
DM 19,90

Spielideen für Partys
1725-1, von E. und H. Bücken, 88 S., kart.
DM 16,90

111 Spielideen, das Gedächtnis zu trainieren
1829-0, von T. Werneck, 96 S., kart.
DM 16,90

Knobeleien und Denksportaufgaben
60099-7, von K. Rechberger, 100 S., kart.
DM 12,90

Ratgeber für Kinder

FALKEN Reihe: Ratgeber für Kinder
Ausstattung: zwischen 48 S., und 64 S., geb.
Preis: **DM 19,90**
4897-1 Mein Mutmachbuch
4898-X Mein Krankenhausbuch
4896-3 Mein erstes Pferdebuch

7337-2 Mein erstes Reitbuch
4991-9 Mein Kochbuch
4990-0 Mein Ballettbuch
4900-5 Mein Fußballbuch
4938-2 Mein Fahrradbuch
7335-6 Mein erstes Inline-Skating-Buch
4894-7 Mein Katzenbuch
4939-0 Mein Hundebuch
4993-5 Mein Hamsterbuch
7324-0 Mein Wellensittichbuch
7338-0 Mein Meerschweinchenbuch
4992-7 Wenn meine Eltern sich trennen

Kinderbeschäftigung

Das neue Bastelbuch für Kinder
4893-9, von U. Barff, I. Burkhardt, J. Maier, 208 S., geb.
DM 39,90

Basteln mit Pappe und Papier
4843-2, Hrsg.: U. Barff, 112 S., geb.
DM 29,90

Schminken und Verkleiden
4773-8, von W. Stelzenhammer, Hrsg.: U. Barff, 128 S., geb.
DM 29,90

Spielen mit einfachen Sachen
4994-3, von A.-G. Patz, D. Patz, 112 S., geb.
DM 29,90

Tanz-, Kreis- und Bewegungsspiele
7343-7, von A.-G. und D. Patz, 112 S., geb.
DM 29,90

Spiele für Kleinkinder
60022-9, von D. Kellermann, 104 S., kart.
DM 12,90

Kinderleichte Kochrezepte für kleine Leute
4850-5, von K. Müller-Urban, 128 S., geb.
DM 19,90

Garten

Die große FALKEN Gartenschule
7354-2, von J. Breschke u. a., 560 S., geb., mit Schutzumschlag
DM 79,90

FALKEN Gartenjahr
7355-0, von K. Greiner, A. Weber, P. Michaeli-Achmühle, 320 S., geb.
DM 39,90

100 englische Gärten
4885-8, von P. Taylor, 216 S., geb., mit Schutzumschlag
DM 79,–

Bauerngärten
4786-X, von U. Krüger, 128 S., geb.
DM 39,90

Naturgärten
4967-6, von J. Korz, 240 S., geb.
DM 69,90

Gartengestaltung mit Phantasie
7318-6, von K. Greiner, Dr. A. Weber, 208 S., geb., mit Schutzumschlag
DM 79,90

Blumen, Stauden, Ziergehölze
4753-3, von K. Greiner, Dr. A. Weber, 384 S., geb.
DM 69,90

FALKEN Lexikon Gartenteich
4778-9, von I. Polaschek, A. Fischer-Nagel, 216 S., geb.
DM 49,90

Grüner wohnen
4886-6, von U. Krüger, 144 S., geb., mit Schutzumschlag
DM 49,90

Tiere

Katzen auf natürliche Weise heilen
7314-3, von Dr. med. vet. C. Möller, 128 S., geb.
DM 29,90

Richtige Katzenernährung
1869-X, von H. Wenzel, 96 S., kart.
DM 16,90

Wellensittiche
1813-4 von H. Bielfeld 96 S., kart.
DM 16,90

Alles über Kanarienvögel
0901-1, von H. Schnoor, 64 S., kart.
DM 14,90

Zwergkaninchen
1680-8, von M. Mettler, 96 S., kart.
DM 16,90

Zwerg- und Goldhamster
1734-0, von M. Mettler, 96 S., kart.
DM 16,90

Meerschweinchen
1812-6, von M. Mettler, 96 S., kart.
DM 16,90

Das Süßwasseraquarium
4752-5, von Dr. med. vet. J. Etscheidt, 224 S., geb.
DM 49,90

Terrarium
7313-5, von W. Ullrich, 128 S., geb.
DM 29,90

FALKEN Reihe: Hundebibliothek
Ausstattung: zwischen 80 S. und 112 S., kartoniert
Preis: zwischen **DM 14,90** und **DM 19,90**

Stand der Preise 01.03.1998 · Änderungen vorbehalten / *unverbindliche Preisempfehlung

1757-X Dalmatiner
1756-1 Dackel
1677-8 Labrador, Retriever
1644-1 Neufundländer und Landseer
1596-8 Boxer
1513-5 Schäferhunde
1514-3 West Highland White Terrier
1808-8 Setter
1866-5 Siberian Husky
1809-6 Hovawart
1990-4 Tibet Terrier
1811-8 Foxterrier
1512-7 Streuner und Tierheimhunde
1604-2 Hundekrankheiten erkennen und behandeln
1991-2 Mit dem Hund in den Urlaub
1810-X Rechtsratgeber für Hundehalter

Das neue Hundebuch
60079-2, von W. Busak,
124 S., kart.
DM 14,90

Erfolgreiche Hundeerziehung
4808-4, von U. Birr,
144 S., geb.
DM 29,90

Reisevideo

FALKEN Reihe: Reisevideos
Ausstattung: VHS, ca. 60 Min. Laufzeit, in Farbe
Preis: **DM 39,95***

FALKEN hat Reisevideos zu über 70 Urlaubszielen in aller Welt von **A** bis **Z**

6249-4 Amsterdam

6226-5 Neuseeland

6206-0 Zypern

ISBN-Bestandteil: 3-8068- / bei Buchnummern, die mit der Ziffer 6 beginnen, lautet der ISBN-Bestandteil: 3-635

BESTELLSCHEIN

Hiermit bestelle ich aus dem Programm der Verlagsgruppe FALKEN, Postfach 11 20, D-65521 Niedernhausen, **durch die Buchhandlung:**

Falls durch besondere Umstände Preisänderungen notwendig werden, erfolgt Auftragserledigung zu dem bei der Lieferung gültigen Preis.
(Soweit gesetzlich nicht anders vorgesehen, ist der Erfüllungsort und Gerichtsstand der jeweilige Sitz der Lieferfirma).

Anzahl	Bestell-Nr.:	Titel	Einzelpreis	Gesamtpreis
			Summe	

zzgl. Porto- und Versandkosten

Name: Straße:

Ort:

Datum: Unterschrift:
(Bei Jugendlichen der gesetzliche Vertreter)

FTB-VV F '9

Werbemittel-Nr. 99143

FALKEN
Der Spezialist für nützliche Bücher und Videos